Sie haben so einen seltenen
Tumor,
sie sollten Lotto spielen!

Uta Winter

Sie haben so einen seltenen Tumor,
sie sollten Lotto spielen!

Bibliografische Information der Deutschen Nationalbibliothek:
Die Deutsche Nationalbibliothek verzeichnet diese Publikation in
der Deutschen Nationalbibliografie; detaillierte bibliografische
Daten sind im Internet über http://dnb.dnb.de abrufbar.

TWENTYSIX – Der Self-Publishing-Verlag
Eine Kooperation zwischen der Verlagsgruppe Random House
und BoD – Books on Demand

© 2021 Uta Winter

Herstellung und Verlag:
BoD – Books on Demand, Norderstedt

ISBN: 9783740780982

Sylvester

Um mich herum ist es dunkel, manchmal erhellt eine einzelne verfrühte Rakete den Nachthimmel. Ich liege in meinem Bett und bin allein, das Atmen fällt mir schwer. Mein fünfjähriger Sohn und mein Mann sind schon den ganzen Abend bei guten Freunden von uns, um den Beginn des neuen und hoffentlich gesunden neuen Jahres zu feiern. Ich habe meine Familie gebeten, trotzt meiner akuten Lungenentzündung unsere Freunde zu besuchen und Spaß zu haben. Sie sollten das Jahr schön ausklingen lassen und nicht darunter leiden, dass ich schon wieder krank bin.

Das ist nicht die erste Pneumonie in meinem Leben. Schon als Kind war ich sehr oft krank und anfällig für alle möglichen Infekte. Mein Vater sagt bis heute, dass ich von unserer drei Geschwistern immer sein Sorgenkind gewesen wäre und obwohl mir das immer ein wenig peinlich ist, muss ich doch sagen, dass er nicht ganz Unrecht hat. Mit sieben Jahren, gerade zu meinem Schulanfang, musste ich fast direkt nach der Einschulungsfeier für mehrere Wochen ins Krankenhaus und wäre dort fast verstorben. Ich weiß, wie es ist, plötzlich schwer krank zu sein, kaum aufstehen zu können und sich klein und schwach zu fühlen.

Die Diagnose am Vormittag dieses letzten Tages im Jahr, nach stundenlangem Warten in der völlig überfüllten Notaufnahme des Universitäts-Krankenhauses meines Wohnortes, hatte mich nicht wirklich überrascht. Das typische Röcheln in meinem Hals und die starken Atembeschwerden kannte ich zu gut. Überrascht hat mich etwas ganz Anderes. Der junge Assistenzarzt, der die Diagnose stellte, gab mir zusammen mit meinem Rezept für ein Antibiotikum einen persönlichen Ratschlag auf den Weg: „Sie sollten einmal darüber nachdenken, warum eine junge Frau wie Sie aus heiterem Himmel eine Lungenentzündung bekommt"?

Ich habe das damals nicht weiter beachtet. Mit Anfang 40, erfolgreich im Berufsleben stehend, war ich fast die Alleinverdienerin meiner kleinen Familie, weil mein Mann verkürzt arbeitete und sich vorrangig um unseren gemeinsamen Sohn, der damals noch in den Kindergarten ging, kümmerte. Es war faktisch kein Raum für Ruhe und Besinnung oder gar so etwas wie Reflexion in meinem Leben. Meine Zeit war gut durchorganisiert und ich funktionierte wie eine gut geschmierte Maschine, bei der es nur ab und an zu kleinen Unterbrechungen im ansonsten reibungslosen Getriebe kam.

Nur wenige Monate später sollte ich über die Worte des Arztes ganz anders denken. Doch erst einmal wusste ich noch nicht, was auf mich und meine Familie zukommen würde und das war vermutlich auch besser so.

Der schwarze Nachthimmel erhellte sich und das Knallen der Sylvesterfeuerwerkes wurde lauter. Herzlich willkommen neues Jahr! Was Du mir wohl bringen magst?

Etwa einen Monat später

Zunächst ging das neue Jahr weiter, wie das alte geendet hatte. Ich quälte mich immer noch mit meiner misslichen Lungenentzündung, von der ich das arge Gefühl hatte, dass meinem schwachen Körper die Kraft fehlte, um sich von ihr zu erholen. Wenn ich an die enorme Größe meines Tumors denke, der ein paar Monate später bei mir diagnostiziert werden sollte, dann meine ich heute, dass ich damals schon an zwei Fronten gekämpft habe und es einfach noch nicht wusste.

Langsam und jeden Tag ein wenig, ging es mir wieder etwas besser und ich konnte sogar schon wieder kleine leichte Spaziergänge an der frischen Luft unternehmen. Aber es blieb dabei, irgendetwas lief mich nicht recht zu Kräften kommen und ich fühlte sehr deutlich, dass mir die Energie für einen normalen Alltag noch fehlte.

Fünfjährige Kinder sind sehr mobil und wissbegierig und fordern noch die volle Aufmerksamkeit ihrer Eltern. So habe ich noch gut in Erinnerung, dass mir das tägliche Spielen und die intensive Beschäftigung mit meinem kleinen Sohn nach dem Kindergarten und an den Wochenenden während der Zeit meiner Genesung einfach oft zu viel waren. Das tat mir unendlich leid und ich hatte ein schlechtes Gewissen deswegen. Gleichzeitig hatte sich in mir selbst jedoch eine gewisse Apathie breitgemacht und ich war sehr froh, dass sich mein Mann fürsorglich um ihn kümmerte.

Endlich war ich etwa Ende Januar so weit genesen, dass ich mir zutraute, wieder auf Arbeit zu gehen. Naja, um ehrlich zu sein, natürlich hätte ich mich noch gern etwas länger erholt, aber wer den ständigen Druck kennt, wie gut geölt und ohne Sand im Getriebe, funktionieren zu müssen, weil die durch den Hauskauf entstanden Schulden nicht gerade gering sind, der weiß auch, dass ich dabei nicht unbedingt eine faire Wahl hatte.

Die wenigen Tage, die ich nach meinem Wiedereinstieg auf Arbeit durchhielt, waren gelinde gesagt sehr schlimm. Mühsam versuchte ich meine Aufgaben zu erledigen und den riesigen Berg abzuarbeiten, der sich während meiner fünfwöchigen Abwesenheit angehäuft hatte. Es war nicht zu übersehen, dass ich noch lange nicht fit genug war, und mich mühsam durch meinen langen Tag quälte. Ich glaube, ich hielt eine Woche durch, dann saß ich abends wieder auf meinem Sofa, hustete und bekam keine Luft mehr. Mit Schrecken hatte ich wieder das knatschende Geräusch in meiner Lunge wahrgenommen, das so typisch auf eine erneute

Lungenentzündung oder einen Rückfall hinwies. Schlimmer noch, diesmal war auch noch mein Kind erkrankt. Wir hatten beide hohes Fieber und waren zu geschwächt, als dass wir noch eigenständig einen Arzt hätten aufsuchen können. Der Bereitschaftsarzt, den mein Mann schließlich rief, diagnostizierte bei meinem Sohn eine Bronchitis und bei mir eine weitere Pneumonie.

Nicht, dass ich es nicht geahnt hätte, trotzdem war ich in diesem Augenblick am Boden zerstört. Schon wieder krank! Schon wieder fast zu schwach, um sich irgendwie selbst zu behelfen. Was war das nur für ein ödes und blödes Jahr. Gerade einmal fünf Wochen alt und schon so schiefgelaufen. Zum Glück konnte ich ja nicht in die Zukunft sehen, was noch auf mich zukommen sollte. Ironischerweise, und das erscheint mir bis heute wie ein kleiner Hinweis des Schicksals, war die Ärztin, die damals Rufbereitschaft hatte Oberärztin am Klinikum und sollte mir ein halbes Jahr später in einer noch viel ernsteren Situation, nämlich beim Aufklärungsgespräch für meine Tumoroperation gegenübersitzen.

Das alles wusste ich jetzt noch nicht. Im Frühjahr des Jahres 2010 war der Tumor noch weit weg und undenkbar. Noch lag ich nur auf meinem Sofa und konnte nicht viel machen, außer Süppchen und Tee zu schlürfen und manchmal zwischen Sofa und Bad ganz langsam hin und her zu schleichen. Ich war schlicht zu schwach für alles und konnte mich an keinerlei Aktivitäten, die über Schlafen und Essen hinausgingen, beteiligen. Ab und an musste ich zu meiner behandelnden Ärztin, die aber nicht mehr tat, als meine Krankschreibung immer wieder zu verlängern. Im Rückblick habe ich das Gefühl, in dieser Zeit, unterbrochen von Arztbesuchen und Nahrungsaufnahme, sechs Wochen fast nur geschlafen zu haben. Damals habe ich mich schon gewundert, dass ich so gar nicht wieder zu Kräften kam und mich nur ganz langsam erholte.

Mir war glasklar, dass ich nach zwei langwierigen Lungenentzündungen kurz hintereinander einige Zeit brauchen würde, um wieder auf den Damm zu kommen. Aber etwas war diesmal anders, das habe ich schon im Frühjahr dieses schweren Jahres gespürt. Alles war nur noch mühsam und zäh. Als ich meine behandelnde Ärztin darauf ansprach, ob eventuell noch etwas Ernsteres hinter meiner nicht enden wollenden Schwäche stecken könnte, wurde ich allerdings sinngemäß mit den Worten abgewimmelt, sie wüsste schon was zu tun sei und schon hatte ich mein drittes Antibiotikum verschrieben bekommen, welches nun endlich helfen sollte. Ende März, als der Frühling sich mit Macht zurückmeldete, kam auch ich allmählich zu Kräften, ohne jedoch zu alter Stärke zurück zu finden.

Zum Glück kann ich mich in einer solchen Situation voll und ganz auf meinen Mann verlassen, so dass unser Sohn, der sich schon nach wenigen Tagen von seiner Bronchitis erholt hatte, in dieser Zeit nicht noch mehr unter der Situation leiden musste und ich, als ich endlich wieder zu mehr als nur Schlafen und Essen in der Lage war, nicht auch noch auf einen gigantischen Berg ungewaschener Wäsche und eine chaotische Wohnung stieß.

Die nächsten Wochen hatte ich keine Zeit darüber nachzudenken, was eigentlich in den vergangenen Monaten mit mir und meiner Gesundheit passiert war. Unser gemeinsamer Sohn sollte dieses Jahr im August eingeschult werden und so hatten wir alle Hände voll damit zu tun, in unserem kleinen Reihenhaus, dass wir vor ein paar Jahren gekauft hatten, den Dachboden auszubauen, damit er aus seinem kleinen Kinderzimmer ausziehen konnte und ihm für die Schulzeit ein schönes großes und sonniges Zimmer zur Verfügung stehen würde. Langsam liefen auch die Vorbereitung für die Schulzeit an. Ein passender Ranzen mit Rennautos wurde samt Sportbeutel und Schulutensilien gekauft und alles für die bald anstehende Einschulungsfeier organisiert.

Dazu hatte ich eine Vielzahl an liegen gebliebenen beruflichen Projekten abzuarbeiten, so dass mir meine zunehmenden Rückenschmerzen am Anfang gar nicht weiter auffielen. Schmerzen im Rücken begleiten mich seit einem unfallbedingten Bandscheibenvorfall während meines Studiums, der leider auch operiert werden musste, schon lange Zeit in meinem Leben. Normalerweise hatte ich diese aber ganz gut mit gezielten Übungen unter Kontrolle. Die Beschwerden wurden jedoch stärker und auch untypischer, deshalb beschloss ich schließlich doch, wieder meine Ärztin aufzusuchen.

Die allgemeinmedizinische Arztpraxis, in der ich schon wegen meiner Lungenentzündungen behandelt wurden war, diente auch als Ausbildungszentrum für Medizinstudenten. Dagegen ist grundsätzlich nichts einzuwenden und ich lasse mich jederzeit von lernbereiten Studenten medizinisch analysieren. Was ich hier erlebte, fand ich dann aber doch reichlich seltsam. Ein junge Medizinstudentin untersuchte mich nur oberflächlich, erhob keine Anamnese und drückte mir anschließend einen Zettel mit therapeutischen Gymnastikübungen für den Rücken in die Hand. Ich war entsetzt und kam mir vor wie in einem falschen Film. Eine differenzierte Untersuchung durch einen Facharzt erfolgte auch auf meine ausdrückliche Nachfrage nicht. In diesem Augenblick beschloss ich, meine behandelnde Ärztin zu wechseln und ich denke, dass dies vielleicht die Entscheidung war, die mein Leben gerettet hat.

Die Zeit ging ins Land und der Schulanfang unseres Kindergartenkindes rückte näher und so war die Zeit angefüllt mit Arbeiten, dem Ausbau unseres Dachgeschosses, der nun endlich fertig wurde, den Vorbereitungen für die Schuleinführung und unserem Sommerurlaub in den Bergen. Ich war frohen Mutes, weil ich glaubte, die Schwierigkeiten der letzten Wochen und Monate allmählich überwunden zu haben und mich außer meinem hohen Blutdruck keine weiteren wesentlichen Zipperlein plagten. Sogar meine unerklärlichen, starken und untypischen Rückenschmerzen hatten sich irgendwie verflüchtigt.

Die Raumforderung

Zu dieser Zeit, in den warmen Sommermonaten, als mein Leben wieder beschwingt und leicht war, eröffnete ganz in der Nähe unseres Wohnortes eine neue Praxis für Allgemeinmedizin. Der Vorteil bei einer Praxiseröffnung, welcher Fachrichtung dieses auch sein mag, ist ja oft, dass nicht von vorneherein ein fester Kundenstamm existiert und Termine etwas leichter zu erhalten sind. Da ich meine Allgemeinärztin sowieso wechseln wollte, stellte ich mich eine Woche nach Praxiseröffnung dort einmal vor.
Die Ärztin, welche etwa in meinem Alter war, fiel mir durch ihre analytische Herangehensweise an meine Beschwerden auf. Während alle anderen Mediziner meinen hohen Blutdruck einfach als gegeben akzeptiert hatten, wollte sie meine Nebennieren mittels Ultraschalls untersuchen, um auszuschließen, dass diese die Ursache dafür wäre.

Später bin ich mit ihr ins Gespräch gekommen und siehe da, meine Ärztin hatte vor ihrem Medizinstudium auch noch Biologie mit der Spezialisierung auf Tierphysiologie studiert, das erklärte für mich die sehr klare Art und Weise ihrer Arbeit, die sich von der meiner bisherigen Allgemeinärztin wie Tag und Nacht unterschied.

Am Morgen des Tages, an dem meine Nebennieren per Ultraschall untersucht werden sollten, ging es mir ausgezeichnet. Ich war mir ziemlich sicher, dass die Untersuchung ohne Befund bleiben würde. Niemand in meiner Familie hatte, soweit es mir bekannt war, jemals ein Problem mit den Nebennieren gehabt. Was sollte da schon sein? Meinen zu hohen Blutdruck schob ich damals schon auf den Stress, den ich durch die Doppelbelastung durch Berufstätigkeit und familiären Verpflichtungen nun einmal unbestreitbar hatte und habe. Tatsächlich ist mir meine Hypertonie bis heute erhalten geblieben und erfährt immer eine wundersame Senkung, wenn ich in den Urlaub fahre und alles um mich herum ruhig und entspannt ist.

Nun ja, meine Nebennieren waren im Ultraschall tadellos zu erkennen und wiesen auch keinerlei Besonderheiten auf. Stattdessen kreiste der Kopf des Ultraschallgerätes verdächtig und lange immer wieder über meiner linken Körperhälfte. Intensiv drückte es gegen meinen oberen hinteren Bauchraum, während die Ärztin die gräulichen Bilder auf dem Bildschirm studierte, die für mich aussahen wie eine dicke Nebelsuppe. Zumindest bis zu dem Augenblick, als sie mir schließlich erklärte, dass es direkt neben meiner linken Niere eine unklare Raumforderung gäbe, deren Ursprung nicht eindeutig zugeordnet werden könne und die in etwa die Größe meiner linken Niere hätte.

Ich bin Naturwissenschaftlerin, ich wusste also, dass eine Raumforderung zunächst einmal nur bedeutete, dass sich in meinem Körper eine Struktur befand, deren Ursache unbekannt war. Eine Raumforderung muss nicht bösartig sein. Es kann sich bei ihnen zum Beispiel auch um Zysten, also um mit Flüssigkeit wie Blut oder Eiter gefüllten Hohlräumen handeln. Schon vor 10 Jahren, als ich noch eine junge Frau war, musste mir aus der Brust eine etwa 2 cm große Zyste entfernt werden, die initial als Brustkrebs diagnostiziert wurden war. Ich konnte mich noch genau an meine Gefühle beim Erhalt der Diagnose Brustkrebs, an meine Angst und die Erleichterung nach der Operation erinnern, nach der sich alles nur als ein gutartiges Adenom herausstellte, an das mich heute nicht viel mehr als eine verblasste Narbe erinnerte.

All diese Bilder hatte ich sofort wieder im Kopf und ich beschloss, anzunehmen, dass es sich auch diesmal um nichts Bösartiges handeln müsste. Aber ein gutartiger Tumor oder was auch immer – so groß wie eine Niere – also etwa 10 cm – das war schon eindeutig etwas, was mir Angst machte. Wie kam dieses große unklare Gebilde nur in meinen Körper und was hatte es da schon angerichtet? Warum hatte ich bis auf Rückenschmerzen überhaupt gar nicht gespürt, wie es sich in mir entwickelte und immer größer und größer wurde? Ich bin eine kleine und schlanke Frau, ich stelle mir bis heute die Frage, warum ich diesen großen Tumor in mir nicht irgendwie bemerkt habe und wie dieser das umliegende Gewebe verdrängen konnte. Wie lange er wohl schon in mir heranwuchs?

Stellen Sie sich ein Gebilde vor, das größer ist als ihre eigene Faust und dieses Gebilde mit unklarem Ursprung und undefinierter Funktion befindet sich unerkannt seitlich in ihrem unteren Rücken. Vielleicht können Sie dann in etwa nachvollziehen, wie ich mich damals bei der Erstdiagnose gefühlt habe.

Ich beschloss diesen Befund, der ja noch sehr unklar und vage war, zunächst einmal nur mit meinem Mann und einer guten Freundin zu besprechen. Mein Mann hatte schon viele Höhen und Tiefen mit durchgestanden und uns beiden machte Mut, dass sich schon einmal eine Raumforderung als ein harmloses Adenom entpuppt hatte. Meine Freundin sprach mir bei einer guten Tasse starken Kaffees, ebenfalls Mut zu und meinte, ich sollte auf die Kraft meines Körpers vertrauen und alles würde sich klären. Meinen Eltern und meinen Geschwistern erzählte ich zunächst nichts von meinem unklaren Befund und auch sonst erzählte ich erst einmal niemandem weiter von dem Ergebnis der Sonographie.

Menschen sind sehr verschieden und während die einen in einer solchen Situation den ermutigenden Zuspruch ihrer Familie und Freunde brauchen, habe ich schon immer sehr viele Dinge mit mir selbst ausgemacht und nur wenige sehr enge Vertraute in Krisensituationen in mein Leben gelassen. Tatsächlich wollte ich meine Familie auch nicht schon wieder beunruhigen. Alle waren nach meinen beiden Lungenentzündungen noch immer sehr besorgt um mich, da brachte ich es einfach nicht über mich, ihnen eine erneute schlechte Nachricht zu überbringen. Erst einmal wollte ich in Ruhe abklären, was eigentlich mit mir und meinem Körper gerade vor sich ging.

Aus diesem Grund ließ ich mich nach der Diagnose auch nicht krankschreiben, ich fühlte mich ja körperlich nicht schlechter als vorher. Tief in meiner Seele sah es ganz anders aus. Trotzdem ging ich ganz normal weiter auf Arbeit und nahm nur ein paar Tage Urlaub, um den Schulanfang unseres Sohnes vorzubereiten.

Ich kann mich noch wie heute an seine Schuleinführung an einem warmen und schönen Sommertag, Ende August 2011, erinnern. Wenn ich mir heute die Bilder ansehe, dann erkenne ich in meinem Gesicht die Angst und Besorgnis um die Zukunft, die sich widerspiegelt und die ich tapfer versuche weg zu lächeln. Mein Sohn war damals gerade sechs Jahre alt geworden und in meinem Körper wuchs eine vor wenigen Tagen diagnostizierte unklare große Raumforderung heran. Mein Mann und ich, wir ließen uns jedoch die gesamte Feier nichts anmerken und ich vermute, dass bis auf meine eingeweihte Freundin auch niemand etwas von meinem tatsächlichen Seelenzustand mitbekam. Überhaupt versuchte ich in dieser Zeit, insbesondere vor meinem kleinen Sohn, meine erhebliche Besorgnis nicht zu zeigen, um ihm einen schönen und unbeschwerten Schulanfang im Kreise der Familie zu ermöglichen.

Wie auch immer, das Gebilde, wie ich es nannte oder auch korrekter, die unklare Raumforderung, die mir im Moment eigentlich keinerlei weitere körperliche Beschwerden, ja nicht einmal Rückenschmerzen verursachte, musste natürlich weiter diagnostisch abgeklärt werden, noch war ja völlig unklar, um was es sich handelte.

In dieser bedrückenden Zeit habe ich meine behandelnde Allgemeinärztin als große Hilfe in Erinnerung. Ihr Mann war, manchmal gibt es im Leben wirklich eigentümliche Zufälle, niedergelassener Nierenspezialist und als solcher in der etwa 20 km entfernten Nachbarstadt in eigener Praxis tätig. Damit ich nicht extra zu ihm für eine weitergehende

Diagnostik oder zu einem anderen Spezialisten fahren musste, bot sie mir an, dass er mich morgens vor seinem Arbeitsbeginn in ihrer Praxis noch einmal mit ihr zusammen untersuchen würde. Ich empfinde für dieses engagierte Entgegenkommen auch heute noch eine große Dankbarkeit. Gerade in der Zeit, in der mir viele angstvolle Gedanken und Sorgen durch den Kopf gingen, war ich froh, dass ich mich nicht auch noch um weitere Facharzttermine kümmern musste, die ich vermutlich auch nicht gleich am nächsten Tag erhalten hätte.

So ging ich mit gemischten Gefühlen morgens um sieben Uhr in die Praxis und ließ diesmal von einem Spezialisten ausführlich meine Nieren beschallen. Der Nephrologe bestätigte den bereits bekannten Befund. Neben der linken Niere befand sich ein etwa 10 cm lange Neubildung unklarer Herkunft und unklarer Spezifikation. Weitere Aussagen waren leider nicht möglich, was nicht gerade beruhigend war.

Die nächste Untersuchung, welche sich fast unmittelbar anschloss, war eine Computertomographie in einer Praxis für Radiologie und Nuklearmedizin. Die Atmosphäre in solchen Praxen ist ja immer etwas trostlos. An den Wänden hängen zwar meist farbenfrohe und betont freundlich und optimistisch wirkende Bilder aber die im Wartebereich sitzenden

Patienten schauen auf Grund der zu befürchtenden Diagnosen meistens doch sehr ernst und verschlossen drein. In der CT-Untersuchung zeigte sich, wie nicht anders zu erwarten, schon im nativen Zustand, also ohne Kontrastmittel, eine große Raumforderung, welche sich zunächst nicht von der linken Niere differenzieren ließ. Nach der Kontrastmittelgabe ließ sich die linke Niere eindeutig von der raumfordernden Formation abgrenzen. Da die Raumforderung das Kontrastmittel aufnahm, nicht aber die Niere, schienen die beiden auch nicht miteinander in einer direkten Verbindung zu stehen. Der Ursprung des Gebildes blieb damit weiterhin unklar.

Auch die CT-Untersuchung hatte damit keinerlei weiteren Erkenntnisse über das Wesen des „Gebildes" erbracht. Die Radiologen gaben in ihrem Befund an, dass es sich am ehesten wohl um ein entzündlich bedingtes Jejunumkonglomerat, also um eine Veränderung im mittleren Abschnitt des Dünndarms handeln könnte. Möglich wären auch Raumforderungen anderen Ursprungs, beispielsweise ein Lymphom. Lymphome sind in der Regel bösartige Tumoren des lymphatischen Systems. Der in Frage kommenden Möglichkeiten ergaben sich also viele, von einer relativ harmlosen entzündlichen Veränderung bis zu einem sehr bösartigen Tumor, ließ die Diagnose zur CT-

Untersuchung Spielraum für ausgiebige Internetrecherchen, die fast alle nicht besonders beruhigend waren.

Wie nun weiter? Sowohl die Ultraschalluntersuchung als auch das CT hatten keine klaren oder sich widersprechende Diagnosen erbracht. Es war immer noch völlig offen, was das nicht gerade kleine Gebilde unbekannten Ursprungs in meinem Körper eigentlich war. Es half nichts, es musste endlich eine brauchbare Diagnose her, um Klarheit zu bringen und mir auch meine innere Ruge wieder zu geben.

Ich bin eine sehr rationale Person und bilde mir ein, auch mit schwierigen Lebenssituationen gut umgehen zu können. So sehe ich mich zumindest selbst und das wird mir auch von meiner Familie und Freunden bestätigt. Wie vielen Menschen machen jedoch auch mir im Leben am meisten unklare Situationen Angst. Ich finde, sobald man seinen Feind kennt, kann man einen Plan schmieden, um sich aus der Situation zu lösen aber gegen einen unbekannten Feind kämpft es sich am schwersten.

Auch diese Raumforderung machte mir vor allem eines, nämlich Angst. Selbst wenn es sich nicht um einen bösartigen Tumor handeln würde, müsste ich das Geschwulst irgendwann allein auf Grund seiner schieren Größe entfernen lassen, was nach einer Vielzahl von Operationen in meinem Leben eine erneute Operation bedeutet hätte. Meine Gedanken kreisten unablässig um die Frage, ob es sich nicht doch um eine bösartige Veränderung handeln könnte. Wie sollte es dann weitergehen? Als Hauptverdienerin meiner Familie musste ich dafür sorgen, dass unser nicht gerade geringer Hauskredit und zudem das monatliche Schulgeld für die Grundschule meines Sohnes, einer auf Sprachen spezialisierte Ersatzschule, pünktlich überwiesen werden konnten. Wie sollte das alles ohne finanzielle Rücklagen funktionieren? Mit diesen drückenden Gedanken ging ich abends ins Bett, konnte kaum schlafen und stand zermürbt zerschlagen und völlig übermüdet morgens wieder auf. Auf Arbeit hatte ich zum Glück sehr viel Routinearbeit zu erledigen, so dass es vermutlich nicht weiter auffiel, dass ich sehr unkonzentriert bei der Sache war.

Mit Abstand am Schwierigsten war es, gegenüber unserem Sohn, der gerade seine ersten Tage in der Grundschule war und dabei war, neue Freunde zu finden, optimistisch und froh zu bleiben. Er sollte nicht merken, welche schwere Gedanken mich und meinen Mann beschäftigten. Deshalb widmete ich mich, sobald ich zu Hause war, intensiv ihm. Wir machten zusammen Hausaufgaben, sprachen über all die Dinge, die er neu gelernt hatte und bauten zusammen Legotürme. Abends kreisten dann wieder die finsteren Ahnungen in meinem Kopf und wollten mich nicht loslassen.

Die Diagnose

Nach dem es bisher den mich untersuchenden Fachärzte nicht gelungen war, eine eindeutige Diagnose zu stellen, erhielt ich Anfang Oktober endlich einen Untersuchungstermin in der auch auf Tumorerkrankungen Abteilung für Allgemein- und Viszeralchirurgie des Universitätsklinikums. Neun Monate nach den beiden schweren Lungenentzündungen zu Beginn dieses Jahres, saß ich nun tatsächlich überraschend der Ärztin gegenüber, die mir damals meine zweite Pneumonie diagnostiziert hatte. Was ich bei der Erstbesprechung freilich noch nicht wusste, war, dass sie auch diesmal keine guten Nachrichten für mich haben sollte.

Mein lieber Mann begleitete mich zu dem Untersuchungstermin und so sahen wir zusammen zu, wie die Oberärztin sich mein CT-Bild ansah und meinte, dass sie diesem absolut nichts entnehmen könnte und das von der entsprechenden radiologischen Praxis in der ich gewesen wäre, ja auch nicht anders zu erwarten gewesen wäre. Deshalb wären nun heute noch einmal ein im Klinikum erstelltes CT und ein diagnostischer Ultraschall notwendig, danach würde sie mit mir und meinem Mann die erhaltenen Befunde umgehend besprechen. So nahm ich also meine Mappe und ging auf meine „Diagnostiktour" durch das Klinikum. Natürlich war mir recht bang zumute, aber gleichzeitig war ich auch froh, nun endlich Aussicht auf eine fundierte Diagnose zu haben.

Die erste Station meines Untersuchungs-Weges war das CT. Da dieses von einer Assistentin aufgenommen wurde und noch einer fachlichen Auswertung bedurfte, wurde ein Befund nicht auf meinen „Begleitpapieren" vermerkt. Ganz anders war das beim diagnostischen Ultraschall. Die wie mir schien, sehr erfahrene Oberärztin, meinte zum Abschluss der Untersuchung zu mir „Sie werden uns wohl noch eine Weile begleiten". Dann zog ich mich wieder an, ging aus dem Untersuchungsraum und bekam nach kurzer Zeit meine Mappe mit dem Befund ausgehändigt.

Natürlich schaute ich neugierig nach, was denn da wohl vermerkt sei, um den Schock meines Lebens zu bekommen. Da stand doch tatsächlich nach einer ausführlichen Beschreibung der durchgeführten Diagnostik der Raumforderung: „V.a. Sarkom". Da ich in den letzten Wochen genug Zeit gehabt hatte, mich intensiv über alle möglichen Tumorarten zu belesen, wusste ich sofort, dass es sich bei Sarkomen um Tumore handelt, die immer bösartig sind und sich aus dem Muskel- und Bindegewebe entwickeln.

Meinem Mann, der natürlich ebenfalls sorgenvoll auf das Ergebnis der Untersuchung wartete, sagte ich erst einmal nichts, vielleicht war ich zu geschockt, vielleicht wollte ich auch die Meinung der Oberärztin in der Tumorsprechstunde abwarten, wie nun weiter vorzugehen sei.

Nach einer kurzen und mir trotzdem ewig lang erscheinenden Wartezeit gingen wir angstvoll und nervös in das Sprechzimmer, um die ärztliche Auswertung meiner Befunde zu erhalten. Sowohl das CT als auch die chirurgische Sonographie bestätigten, wie auch alle anderen Befunde davor, die sehr große Raumforderung, die sich nicht klar von der linken Niere separieren ließ. Auch das CT wies von allen möglichen Befunden am ehesten auf ein Sarkom hin.

Ich weiß noch wie heute, dass ich, obwohl es mich selbst betraf, alles wie in einem seltsamen Film wahrnahm. Als Wissenschaftlerin verstand ich die Details und die Fachbegriffe, mit denen ich meinen Gesundheitszustand erklärt bekam. Mein Mann, der eine kaufmännische Ausbildung hat, erzählte mir später, dass ihm das ganz anders gegangen sei. Er hätte stattdessen überhaupt nicht verstanden, welche spezielle Diagnose ich nun erhalten hätte.

Die Konsequenzen des Befundes waren für uns beide jedoch sehr eindeutig, denn die Oberärztin drückte sich ganz klar und unmissverständlich aus: „Sie müssen sofort operiert werden! Wann sind Sie dazu bereit? Ich werde umgehend einen Termin für Sie vereinbaren!" „Wie bitte? Ich kann doch nicht alles von jetzt auf gleich stehen und liegen lassen" ging es mir durch den Kopf. Stattdessen antwortete ich jedoch wie automatisch gesteuert „Nächste Woche". Mein Gehirn hatte die neue Information noch nicht rational verarbeitet, als ich schon wieder mit meinem Mann aus dem Sprechzimmer entlassen war und für nächste Woche Montag meine Krankenhaus-einweisung in der Tasche hatte.

Vorher allerdings hatte ich noch einen kurzen Ausblick in meine Zukunft erhalten, der wie folgt lautete: „Das ist eine sehr schwere Operation. Sie werden lange krank sein, wenn Sie Glück haben, können Sie in etwa einem halben Jahr wieder arbeiten gehen" und in einem Halbsatz: „Sie werden ihre linke Niere, ihre Milz und die halbe Bauchspeicheldrüse" verlieren"

Mit diesen Worten der Oberärztin aus dem Sprechzimmer entlassen, standen wir also beide im Warteraum für Krebspatienten des

Klinikums, mit Tränen in den Augen, hatten eine Horrordiagnose bekommen, waren ratlos und wussten nicht, was zu tun ist.

Ich kann nicht sagen, warum ich auf den Gedanken gekommen bin, als erstes auf Arbeit zu fahren. Vermutlich liegt es darin, dass ich in Stresssituationen schon immer sehr rational denken konnte und diesen Punkt einfach geklärt haben wollte.

Zwischen den Zeiten

Auf Arbeit angekommen war mir der bittere Ernst der Situation sicherlich deutlich anzumerken, denn mein Chef stand sofort für ein Gespräch zur Verfügung. Wie ferngesteuert erklärte ich ihm, dass neben meiner Niere ein großer bösartiger Tumor wuchs, der nächste Woche entfernt werden würde und dass ich noch nicht sagen könnte, was danach kommen würde und insbesondere, dass es unklar wäre, ob ich jemals wieder auf Arbeit erscheinen würde. Ich übergab ihm alle meine Passwörter, erklärte welche Aufgaben als nächstes anliegen würde und zum Schluss goss ich noch meine Zimmerpflanzen und brachte sie im Büro einer befreundeten Kollegin unter. Es ist schon erstaunlich, welche banalen Handlungen der Mensch in Ausnahmesituationen immer noch vornimmt. Ich ging, ohne mich von meinen lieben Kollegen zu verabschieden, dies hätte mich einfach vollkommen emotional überfordert.

Wieder zu Hause legte ich mich sofort in mein Bett. Eine tiefe Traurigkeit und Leere erfasste mich und ich kuschelte mich in meine Bettdecke und fing an zu weinen. Mein Mann, der mich auch beim Abschied auf Arbeit begleitet hatte, kam dazu und so lagen wir eine Weile zusammen und weinten. Die Zeit verging langsam und still in dem seit kurzem ausgebauten Dachgeschoss unseres Hauses und mein Mann fragte nur: „Was soll jetzt werden". Worauf ich nur sagen konnte: „Ich weiß es nicht".

Nach einer Weile hatte ich mich einigermaßen gesammelt und ich nahm meinen Mut zusammen und beschloss meine Eltern und meine Geschwister anzurufen. Natürlich hatte ich Ihnen in der Zwischenzeit von meiner großen Raumforderung und der anstehenden Untersuchung im Klinikum erzählt und so warteten alle schon auf meinen Anruf. Jeder, der schon einmal in einer vergleichbaren Situation gewesen ist und seinen Angehörigen eine sehr schlechte Nachricht überbringen musste, kann nachvollziehen, wie schwer mir dieses Telefonat gefallen ist. Es ist wahrlich kein leichter Gang, den ohnehin schon besorgten Eltern mitzuteilen, dass man an einem Krebs erkrankt ist, der sofort operiert werden muss und man selbst bei dieser Operation einen Teil seiner inneren Organe verlieren wird.

Da ich schon einmal, bei meinem Verdacht auf Brustkrebs vor etwa 10 Jahren, meinen Eltern eine ähnliche Diagnose überbringen musste, hatte ich eine Ahnung, wie sie reagieren würden. Ich hoffte, dass meine Mutti relativ gefasst wäre, während mein Vati vermutlich völlig aufgelöst reagieren würde, was mich noch weiter ins emotionale Tief stürzen würde. Genau so kam es dann auch. Es tat mir gut, Trost von meiner Mutti zu bekommen und gleichzeitig mit ihr mögliche weitere Schritte besprechen zu können. Ich bat sie auch, meine Geschwister zu informieren, damit ich sie nicht selbst anrufen musste.

Dagegen hatte ich große Bedenken, meinen Vati die Nachricht zu überbringen. Tatsächlich reagierte er am Telefon sehr emotional. Ich kann das absolut verstehen, aber es half mir kein bisschen und ich fühlte mich völlig irrational fast schuldig, ihm diese schlechte Nachricht überbringen zu müssen.

Es ist mir ein großes Anliegen, wenn sie jemals in einer vergleichbaren Situation sind, und ein von Ihnen geliebter Mensch ihnen mitteilt, dass er schwer erkrankt ist, dann versuchen Sie bitte für diesen Menschen stark zu bleiben und ihn nicht noch mehr in die große Leere zu ziehen. Jeder Mensch ist anders und reagiert anders aber zumindest mir hätte es sehr geholfen, wenn ich damals nach der Phase des Schocks einfach nur gehört hätte: „Das tut mir sehr leid für Dich. Wie kann ich dir helfen und wie kann ich dich unterstützen?“

Stattdessen hatte ich nun das seltsame Gefühl, ich müsste meinem Vater emotional wiederaufbauen. Das hat mich damals sehr bewegt und wertvolle Kraft gekostet.

Es war schon Nachmittag. Mein Sohn kam nun aus der Grundschule zurück. Wie sollte ich ihm die Nachricht überbringen? In den letzten Wochen hatte ich immer versucht, stark zu sein und mir ihm gegenüber möglichst wenig anmerken zu lassen. Kinder haben sehr feine und geschärfte Antennen und so hatte er sicherlich trotzdem schon gemerkt, dass es mir nicht besonders gut ging und ich mir große Sorgen machte.

Es ist mir nicht mehr in Erinnerung, wie ich letztlich das Gespräch mit meinem damals sechs Jahre alten Sohn geführt habe, der gerade frisch eingeschult war und dem es zum Glück in der Schule recht gut gefiel. Ich glaube, ich habe mich zu ihm in sein Kinderzimmer gesetzt und angefangen zu erzählen, dass ich im Winter ja sehr krank gewesen sei und jetzt wieder sehr krank sei, nur diesmal würde es mit der Genesung noch länger dauern. Ich erzählte ihm, dass in meinem Körper etwas wachsen würde, das da nicht hingehörte, weil es alle anderen Organe verdrängen würde und dass dieses Ding deshalb nun nächste Woche aus mir herausgeschnitten werden müsste. Vielleicht würde ich danach erst einmal keine Kraft haben, um mich wie bisher um ihn zu kümmern, vielleicht wäre ich auch für längere

Zeit im Krankenhaus oder danach zur Erholung. Ich sprach sehr ernsthaft mit meinem kleinen Sohn und zum Schluss, als er mich danach fragte, versprach ich ihm, nicht zu sterben.

Zwei Tage brauchte ich, um mich einigermaßen emotional zu stabilisieren, danach begann ich, meine Vorbereitungen für das Krankenhaus und die Zeit danach zu treffen. Mit meinem Mann und meiner Mutti besprach ich, dass sie unseren Sohn für die anstehenden Herbstferien zu sich nehmen sollte, damit er schöne Erlebnisse haben könnte und auch mein Mann entlastet werden würde und er sich in den ersten Tagen nach meiner Operation und Entlassung aus dem Krankenhaus besser um mich kümmern könnte.

Bei einer Tasse guten Kaffees besprach ich mit meiner besten Freundin, dass sie mich nicht im Krankenhaus besuchen sollte, dafür würde es mir vermutlich einfach zu schlecht gehen. Ich habe, als eher introvertierte und ernste Person, noch nie besonders viel Personen oder Trubel um mich herum benötigt. So lange ich denken kann, habe ich in meinem Leben noch nie mehr als drei oder vier sehr gute und innige Freunde und Freundinnen gehabt. Diese rief ich jetzt der Reihe nach an, um mich auszuheulen und mir Trost zu holen.

Rückblickend muss ich sagen, dass mich die anstehende Teilentfernung meiner Bauchspeicheldrüse am meisten geängstigt hat. Die Bauchspeicheldrüse produziert außer Verdauungssäften auch Insulin. Ein Verlust von Teilen der Bauchspeicheldrüse oder der gesamten Drüse hat damit vor allem Folgen für die Fettverdauung, was eine komplette Umstellung der Ernährung und die lebenslange Abhängigkeit von Pankreasenzymen bedeutet hätte. Je nachdem, ob die Insulin produzierenden Zellen erhalten werden können oder nicht, müsste ich mich nach der Operation mit einer hohen Wahrscheinlichkeit auf einen Insulinpflichtigen Diabetes einstellen. Das waren ja optimistische Aussichten für die nahe Zukunft. Es stellte sich schon die Frage, warum die Ärztin im Klinikum nichts von all dem im Gespräch mit mir und meinen Mann erwähnt hatte. Ich empfinde es heute noch als mehr als ärgerlich, dass ich diese für mich so wichtigen Folgen des anstehenden operativen Eingriffes aus dem Internet erfuhr.

Es tröstete mich nur die Vorstellung, dass ich weiterleben würde oder wie ein Arzt im Klinikum später zu mir sagte „Sie werden das alles überleben, weil Sie jung sind, weil Sie schlank sind und weil Sie nicht rauchen". und zudem gab es dann außer mir noch Millionen weitere Diabetiker auf der Welt.

Da ich nun wieder einigermaßen rational denken konnte, traf ich Vorkehrungen für den Fall, dass bei der anstehenden Operation etwas schieflaufen würde. Selbstverständlich war ich den Rest der Woche krankgeschrieben und so belass ich mich ausführlich über Patientenverfügungen und Vorsorgevollmachten. Der Gedanke daran war mir nie gänzlich fremd gewesen und ich hatte bereits in guten Tagen darüber nachgedacht, selbstbestimmt meinen Sterbeprozess festzulegen. Keinesfalls wollte ich monate- oder gar jahrelang in einem künstlichen Koma liegen, nicht bewusst mit meiner Umwelt in Kontakt treten und nur künstlich ernährt werden können. Diese zutiefst persönliche Entscheidung muss jeder für sich selbst treffen. Ich jedenfalls empfand eine tiefe innere Ruhe, nachdem ich für mich festgelegt hatte, dass eine anhaltende künstliche Ernährung und Beatmung für mich nicht in Frage kamen.

Mein Dank gilt meiner Allgemeinärztin, die mich in dieser Angelegenheit beriet, über die Konsequenzen und Möglichkeiten der ärztlichen Maßnahmen zur Lebenserhaltung, Schmerzbehandlung, künstlichen Ernährung und Flüssigkeitszufuhr, künstlicher Beatmung und Versuchen zur Wiederbelebung. Damit meine Patientenverfügung keinerlei Zweifel aufkommen ließ, unterschrieb diese auch meine Ärztin und bestätigte mir meine in vollem Umfang vorhandene Einwilligungsfähigkeit. Um im Falle einer möglichen Hilflosigkeit eine gerichtlich angeordnete Betreuung zu vermeiden und um sicher zu gehen, dass alle Dinge bei einer möglichen Pflegebedürftigkeit in meinem Sinne geregelt werden würden, erteilte ich meinem Mann eine Vorsorgevollmacht. Diese würde auch ganz praktische Dinge, wie die mögliche Kündigung von auf mich laufenden Verträgen und dergleichen erleichtern.

Ich habe intensiv darüber nachgedacht, ob ich ein Testament erstellen sollte. Letztlich habe ich es nicht getan. Der Gedanke daran erschien mir, obwohl ich ja eine Patientenverfügung verfasste und eine Vorsorgevollmacht unterschrieb, seltsam fremd und pessimistisch. So viele materielle Dinge waren auch nicht zu vererben und da ich verheiratet war und wir einen gemeinsamen Sohn haben, war die Erbfolge in meinen Augen klar, so dass ich diesen Schritt letztlich nicht gehen wollte.

Die wenigen Tage, die mir noch bis zur Operation blieben, habe ich einerseits als sehr hektisch in Erinnerung, weil ich noch viele Dinge regeln wollte, andererseits gab es auch Zeiten, in denen wir einfach nur still beieinandersaßen und eine große Leere und Trauer den Raum füllte. Angehörige von an Krebs erkrankten Personen sind ja ebenfalls tief getroffen von der unbekannten und herausfordernden Situation und teilen die Angst um den geliebten Menschen. Die psychische Last, die sie tragen, ist nicht schwer genug einzuschätzen.

Wir konzentrierten uns in diesen Tagen vor allem auf unser Kind. Ich versuchte, froh und optimistisch zu bleiben und es vor meinen Ängsten zu schützten. Da ich nicht wusste, wann, wie und ob überhaupt in Zukunft noch unbeschwerte gemeinsame Unternehmungen möglich wären, planten wir für das anstehende Wochenende einen Ganztagesausflug in den wunderbaren Leipziger Zoo, in dem kurz zuvor das einzigartige Gondwana- Land eröffnet wurden war.

Während wir also die nachempfundene Dschungel-Landschaft bewunderten und mit dem Boot auf dem künstlich angelegten Kanal schipperten, waren meine Gedanken schon im Krankenhaus und dem, was mich dort und danach wohl erwarten würde. Insbesondere musste ich immer wieder daran denken, dass dies wohl einer der letzten Tage meiner körperlichen Unversehrtheit war.

Manchmal sehe ich mir die Fotos des Ausfluges von damals noch mit Wehmut an. Sie zeigen eine Familie mit einer kleinen, ernst dreinblickende und nicht mehr ganz junge Frau, mit ihrem ebenfalls sehr ernst schauenden Ehemann aber auf ihnen ist auch ein fröhlich spielendes und lachendes Kind im Dschungel und auf einem Abenteuerspielplatz im hellen Licht der Sonne zu erkennen.

Im Krankenhaus

Am Montag der zweiten Woche im Oktober fand ich mich im Universitätsklinikum meiner Heimatstadt ein. Mein Mann begleitete mich wie immer in dieser schweren Zeit und zuvor hatten wir gemeinsam noch unser Kind in die Grundschule gebracht. Nach der formalen Aufnahme als Patientin im Krankenhaus sollte gleich das ärztliche Aufnahmegespräch erfolgen, bei dem uns die Einzelheiten des operativen Eingriffes erläutert werden würden. Wir setzten uns in den selben fensterlosen Warteraum, in dem wir eine Woche vorher schon bange Minuten verbracht hatten und wie immer, wenn ich sehr aufgeregt bin, musste ich in der kurzen Zeit, bis ich meinen Namen hörte und aufgerufen wurde mindestens dreimal vor Nervosität die Toilette aufsuchen. Der Assistenzarzt, der meinen Namen rief, begleitete uns in ein weiteres, relativ kleines, fensterloses Zimmer, um uns dann über Art und Weise der Operation aufzuklären.

Da es sich, nach den vorliegenden Befunden, vermutlich um ein bösartiges, sehr großes Sarkom handelte, konnte nicht minimal-invasiv operiert werden. Stattdessen würde der Tumor von vorne, unter Nutzung eines Schnittes in Form eines rechten Winkels, der etwa körpermittig 10 cm über dem Bauchnabel ansetzten würde und dann noch einmal über diesem wieder etwa 10 cm nach links geht, entfernt werden. Der noch sehr junge Assistenzarzt erklärte mir die Operation sehr detailliert und ausführlich, leider konnte ich auf Grund meiner fast mit den Händen greifbaren Nervosität nur sehr wenig davon im Gedächtnis behalten.

Mir ist allerdings noch sehr plastisch in Erinnerung, dass er die Angaben der Oberärztin bestätigte, dass neben dem Sarkom sowohl die linke Niere als auch die Milz und Teile der Bauchspeicheldrüse bei dem Eingriff zur Vermeidung eins Rezidivs oder der Bildung von Metastasen aus Sicherheitsgründen entfernt werden müssten. Da der Eingriff sehr schwer wäre, war davon auszugehen, dass ich nach der Operation eine gewisse Zeit auf der Intensivstation zur Überwachung verbringen würde.

Nach dem Aufklärungsgespräch gingen mein Mann und ich schweren Herzens zusammen auf meine Krankenstation, die chirurgische Station. Mein Mann hatte mir in der Vorwoche noch eine Isolierkanne gekauft, damit ich immer warmen Tee hätte. Die Kanne wurde jetzt zum ersten Mal befüllt, dann drückten und verabschiedeten wir uns und ich war allein in einem typischen Krankenhauszweibett-Zimmer.

Bei all meinen Krankenhausaufenthalten, die ich schon hinter mir hatte und auch jenen, die noch folgen sollten, habe ich den ersten Tag immer als seltsam empfunden. Man ist, zumindest bei geplanten Operationen, noch nicht bettlägerig und doch gebunden an sein Krankenhausbett in einem kargen und ausschließlich funktionell eingerichteten Zimmer. Das vorherrschende Gefühl ist in dieser Situation bei mir, neben einer gewissen Langenweile, dass der Fremdbestimmung durch die Vielzahl der Untersuchungen, die zu einem unbestimmten Zeitpunkt stattfinden. Sein Zimmer darf man meistens nicht verlassen, um für die nächste Untersuchung oder die Visite auch sofort zur Verfügung zu stehen.

Eine Schwester teilte mir mit, dass die Entfernung des nun als Liposarkom eingestuften bösartigen Tumors am nächsten Tag in aller Frühe vorgenommen werden sollte. Da auf Grund der Komplexität des Eingriffes mit einer längeren Operationszeit gerechnet wurde, stand ich gleich als erste Patientin auf dem Operationsplan. Am späten Nachmittag erfuhr ich allerdings, dass der Plan geändert werden musste und ich nun erst am Mittwoch anstatt am Dienstag operiert werden sollte. Seltsamerweise war ich tatsächlich enttäuscht, dass ich nun noch einen Tag im Krankenhaus verbringen sollte, ohne, dass etwas Sinnvolles hier passieren würde. Fast fühlte ich mich ein wenig wie in einem Netz aus Hilflosigkeit gefangen.

Mittlerweile war ich nicht mehr allein in meinem kargen Zimmer. Eine ältere Dame, die ihre OP schon hinter sich hatte bei der ihr ein künstlicher Darmausgang gelegt werden musste, wurde im Laufe des Tages zu mir verlegt. Weder ich noch sie hatten allerdings große Lust oder Kraft für eine Unterhaltung und so hielten wir nur etwas Small Talk. Da ich naturgemäß nichts weiter zu tun hatte, lag ich die meiste Zeit auf meinem Bett und las in einem meiner vielen mitgebrachten Bücher. Nachmittags kam mein Mann mit unserem sehr gefassten Sohn zu Besuch und wir spielten „Vier gewinnt", das damals eines seiner Lieblingsspiele war.

Nach dem Besuch meiner Familie schlenderte ich am späten Nachmittag über den Krankenhausflur meiner Station, was sollte ich auch sonst weiter tun, als mich der diensthabende Arzt rief und fragte, ob ich noch einmal mein CT-Bild sehen wollte. Natürlich wollte ich und so erklärte er mir in aller Ausführlichkeit die Lage der Organe im Bauch, wo das Liposarkom wuchs und wie die Schnitte gesetzt werden würden. Entsprechend der vorliegenden CT- Bilder war zu sehen, dass sich das Sarkom diagnostisch nicht klar von der linken Niere abtrennen ließ und dass deshalb aus Sicherheitsgründen diese und die weiteren Organe entfernt werden müssten. Ich sah mir das Bild sehr genau an und fragte am Ende, ob nicht doch eine kleine Hoffnung bestehen würde, dass der Tumor gekapselt sei. „Nein" antwortete Arzt, das sei sehr unwahrscheinlich.

Bei großen Operationen im Bauchraum wird die Vollnarkose meist mit einer PDA (Peridualanästhesie) kombiniert und dafür sollte mir am Vorabend des großen Eingriffes noch der Periduralkatheder gelegt werden, damit dann bei der OP selbst und danach kontinuierlich Schmerzmittel zugeführt werden könnte.

Bekleidet mit meinem Krankenhausflatterhemdchen wurde ich über die langen Flure des Hauses zur OP-Vorbereitung in die Anästhesie gefahren. Der Katheder sollte mir im Sitzen gesetzt werden und meine Aufgabe bestand darin, einfach nur ruhig dasitzen. Ich habe schon bei meiner Entbindung eine PDA erhalten und so dachte ich, dass ich wüsste, was mich erwartet. Mein Körper jedoch fühlte nur noch Angst, eine Angst, so überwältigend, wie ich sie noch nie zuvor gespürt hatte. Die gesamte Anspannung der letzten Wochen und all meine Verzweiflung entluden sich in einem unkontrollierbaren Zittern. Ich habe keine Ahnung, wie das Zittern letztlich gestoppt wurde, alles voran ich mich entsinne ist, dass ich an diesem Abend keinen Katheder mehr bekam.

Die Frage, warum es ausgerechnet mich erwischt hatte, warum ausgerechnet ich an einem bösartigen Nierentumor erkrankt war, habe ich mir niemals gestellt, weil ich immer tief in mir drin wusste, dass es auf manche Fragen im Leben keine Antwort geben kann.

Die Frage, die ich mir stattdessen am Vorabend des Eingriffes, nachdem sich das Zittern beruhigt hatte, in meinem Krankenhausbett stellte war, was in meinem Leben am Allerwichtigsten ist. Die Antwort war einfach und klar, ich hatte eine Aufgabe. Ich musste unbedingt am Leben bleiben, weil ich meinen Sohn beim groß und erwachsen werden begleiten wollte.

Und so schloss ich meine Augen und versuchte mir vorzustellen, wie mein jetzt noch kleiner Junge zum Ende seiner Schulzeit auf eine große Bühne tritt und vor der stolzen Mama sein Zeugnis ausgehändigt bekommt. Als nun fast schon erwachsener Jugendlicher stand er dort und schaute mich direkt an. Damals dachte ich mir, ich muss unbedingt mindestens 10 Jahre überleben. 10 Jahre mindestens!

Irgendwie erschien mir diese Zahl wie eine magische Grenze. Wenn ich 10 Jahre ohne Rezidiv und Metastasen durchhalten könnte und am Leben bleiben würde, dann wäre mein Grundschulkind fast erwachsen und würde es im Leben schaffen. Es ist schon seltsam, was einen in einer solchen Situation so alles durch den Kopf geht aber mir haben diese Gedanken und diese Fixierung auf einen Zeitraum, den ich unbedingt noch leben wollte, sehr geholfen. Ich hatte nun ein festes Ziel, für das ich unbedingt kämpfen würde und so schlief ich mit der Vision meines Sohnes auf seiner Schulabschlussfeier schließlich ein.

Am nächsten sehr frühen Morgen bekam ich als erstes noch den PDA-Katheder, der am Abend vorher einfach nicht geklappt hatte. Es liefen die üblichen OP-Vorbereitungen ab und ich rechnete fest damit, nach der Operation, so wie die Ärzte es prognostiziert hatten, auf Grund der Schwere des Eingriffes auf der Intensivstation ohne linke Niere, ohne Milz und nur mit einem Teilpankreas aber vor allem ohne mein Liposarkom aufzuwachen.

Das erste, an das ich mich beim Aufwachen erinnere, ist die Wahrnehmung einer diffusen verschwommenen Helligkeit und ein irgendwie klapperndes Geräusch. Ohne meine Brille konnte ich den Raum nur in schemenhaften Umrissen wahrnehmen. Etwas jedoch war mir sofort klar. Dies war definitiv keine Intensivstation, sondern eine ganz normale Aufwachstation, wie ich sie auch schon bei vorausgegangenen chirurgischen Eingriffen gesehen hatte. In meinem Mund befand sich kein Beatmungsschlauch, ich bekam gut Luft und konnte sogar der Schwester im Aufwachraum, die mich nach meinem Erwachen ansprach, etwas zuflüstern.

Bestimmt hat man unter Vollnarkose kein Zeitgefühl, das vermute ich zumindest, und so kann ich mir auch nicht erklären, warum mir sofort bewusst war, dass der Eingriff viel kürzer als erwartet gedauert hatte. Die verstrichene Zeit erschien mir viel zu kurz.

Noch im Aufwachraum, fast unmittelbar nachdem ich erwacht war und in mich hineingehorcht hatte, erfasste mich zudem eine Hoffnung, die tief aus meinem Unterbewusstsein und aus meinem Körpergefühl gekommen sein muss. Obwohl ich vollgepumpt war mit Schmerzmitteln und aus mir mittels Drainageschläuchen alle möglichen Flüssigkeiten abgeführt wurden, hatte ich unglaublicher Weise für mich selbst fast Gewissheit, dass meine Organe, meine linke Niere, meine Milz und auch meine Pankreas, nicht entfernt worden waren.

Den Rest des Tages dämmerte ich in meinem Zimmer mit Schmerzmitteln vor mich dahin und war froh, dass weder mein Mann auf Besuch vorbeikam, worum ich ausdrücklich gebeten hatte, noch irgendjemand mich anrief. Ich hätte nicht einen Funken Kraft aufbringen können, um irgendetwas zu sagen, geschweige denn ans Telefon zu „gehen".

Am nächsten Tag, einem Donnerstag, kam ein Arzt in mein Zimmer und stellte sich als der Chirurg vor, der die Operation federführend durchgeführt hatte. Er beruhigte mich, dass alles sehr gut verlaufen war und vor allem und diesen glücklichen Augenblick werde ich bis an mein Lebensende nicht vergessen, erklärte er mir, dass entgegen aller bildgebender diagnostischer Verfahren, aller Prognosen zum Trotz, der Tumor bindegewebig bekapselt gewesen sei. Diese, wenn auch sehr feine, Begrenzung ermöglichte es ihm, unter Änderung der ursprünglichen Planung, organerhaltend zu operieren. Das potentielle Sarkom wäre sehr gut von meiner linken Niere, der Milz und der Bauchspeicheldrüse zu differenzieren gewesen. Es sei, nach derzeitigem Wissensstand und seinen Erfahrungen als Chirurg, durchaus von einer vollständigen Entfernung auszugehen und noch etwas sagte er zum Schluss: „Für ein Sarkom hat das sehr untypisch ausgesehen".

Ein tiefes und warmes Glücksgefühl erfasste meinen schmerzenden, schwachen und über diverses Schläuche Flüssigkeiten absondernden Körper. Ich hatte meine Organe noch in mir! Mein allererstes Gefühl nach dem Aufwachen hatte mich nicht getrogen. Alles würde wieder gut werden.

Von den Selfies, die ich ab dem zweiten Tag nach dem Eingriff mit meinem Handy machte, schaut mich eine, wie mir scheint, sehr alte Frau mit eingefallenem Gesicht an. Mich scheut es noch heute, diese Fotos anzusehen, weil in mir dann sofort alle Erinnerungen an meine Schmerzen, die große Schwäche und die vollständige Hilflosigkeit während der ersten beiden Tage nach der OP wie auf Knopfdruck wieder präsent sind. Die alte Frau auf dem ersten Foto schaut sehr ernst an, aber von Tag zu Tag hellt sich ihr Gesichtsausdruck auf und am Ende lächelt sie fast ein ganz klein wenig.

Meinen operierten Bauch sah ich wohl am zweiten oder dritten Tag, genau weiß ich das heute nicht mehr. Als der Verband für einen Wechsel abgenommen wurde, war ich sichtlich geschockt. Die Wunde war einfach riesig und stark gerötet. Der Schnitt setzte gefühlt am Brustbein an, zog sich mittig bis zum Bauchnabel und bog kurz vorher rechtwinklig nach links ab, um sich dort etwa 10-15 cm fortzusetzten. Und: die Wunde war nicht genäht, sie war geklammert. Meinen Schreck kann nur jemand nachvollziehen, der je an sich herabgeblickt hat und dabei auf einen gefühlt riesigen aufgeblähten Bauch und eine lange Reihe von großen Metallklammern geblickt hat. Ich kam mir vor, wie mit einem großen Klammeraffen aus dem Büro notdürftig zugetackert. Irgendwie hatte ich für mich einen ganzen anderen Anblick erwartet.

Bei meinen voraus gegangenen Operationen war die Wunde niemals geklammert worden, ja ich wusste nicht einmal, dass so etwas überhaupt möglich ist und so war ich sichtlich überrascht und erschüttert. Mir ist heute klar, dass nach einem großen Bauchschnitt sowohl der Verschluss mit einer Naht als auch der mit Wundklammer jeweils eigene Vor- und Nachteile haben. Damals aber, beim allerersten Anblick war ich einfach nur entsetzt und ich fühlte mich wie ein Stück rohes Fleisch, das notdürftig wieder zusammengefügt worden war.

Langsam lief auch meine Mobilisierung an. Die Physiotherapeutin hatte mir gezeigt, wie ich vorsichtig, zur Schonung der Bauchmuskeln, aus meinem Bett aufstehen sollte. Der Blasenkatheder war gezogen worden und mit Unterstützung konnte ich sogar wieder selbständig auf die Toilette gehen. Wie großartig war das denn! Als mein Mann, dem ich für seine Unterstützung in dieser für uns alle schweren Zeit, sehr dankbar bin, mich wie jeden Tag besuchte, konnten wir zusammen schon ganz kleine und langsame Schritte über den Krankenhausflur schlurfen. Immer hinter mir her, zog ich meine Schläuche und Drainagebeutel, die auf einem fahrbaren Gestell angebracht waren und die ich scherzhaft als meinen „Fiffi" bezeichnete, der mich auf meinen Ausflügen begleiten würden.

Neben meinem Mann kam nun, da ich nicht mehr ganz so schrecklich aussah, auch unser Sohn mit ins Krankenhaus. Es ging mir von Tag zu Tag fühlbar besser und die Zeit, in der er bei mir am Krankenhausbett saß und von seinem Schulalltag erzählte, war für mich immens wichtig und der eindeutige Glanzpunkt meines Kliniktages. Es würde wieder ein schönes Leben nach diesem ganzen Schlamassel geben. Daran glaubte ich ganz fest.

Auch meine Mutti besuchte mich nach etwa einer Woche im Krankenhaus, um danach mit meinem Sohn in dessen Herbstferien zu fahren. Noch Jahre später konnte sie sich deutlich daran erinnern, wie sie damals schlucken musste, als sie mich im Krankenhaus erblickte und wie wir zusammen mit „Fiffi" über den Flur geschlurft sind.

Am Ende meiner zweiten Krankenhauswoche wurde ich, nachdem ich einigermaßen mobil war, meine Drainageschläuche entfernt wurden waren und meine Wundheilung gut verlief, aus diesem entlassen. Mein vorläufiger Befund, lautete, trotz der Zweifel des Chirurgen, immer noch auf „Retroperitoneales Liposarkom". Obwohl seitens der Klinikärzte also davon ausgegangen wurde, dass ich an einem bösartigen Tumor erkrankt war, bekam ich nicht ein einziges Mal das Angebot einer psychologischen Unterstützung. Wie gern hätte ich mich bei jemandem ausgeheult, der mir nicht persönlich nahestand und dem ich von meinen Sorgen um meine Zukunft, von meiner Trauer um meinen intakten Körper, von meiner Angst vor finanziellen Nöten erzählt hätte. Als das war leider nicht möglich. Meine Familie, mein Mann, meine Mutti, mein Vati, meine Geschwister und meine engen Freundinnen versuchten mich, so gut wie möglich zu unterstützen aber manche Ängste bespricht man lieber mit Außenstehenden, um die Familie, die ja mit einem leidet, nicht noch mehr zu belasten.

Leider wurde ich weder von den behandelnden Ärzten im Klinikum noch später bei der Nachsorge auf das Angebot einer psychoonkologischen Beratung aufmerksam gemacht. Die Angst vor einem Rückfall, hat deshalb lange mein Leben bestimmt und ich wünsche mir heute noch, dass ich damals psychologische Unterstützung bekommen hätte, um diese zu verarbeiten oder zumindest auf Selbsthilfegruppen hingewiesen worden wäre.

Auch auf die Möglichkeit der Beratung durch den Sozialdienst des Krankenhauses wurde ich zu keinem Zeitpunkt hingewiesen. Nach meiner Entlassung aus dem Krankenhaus fühlte ich mich deshalb vor allen eines – sehr hilflos. Ich hatte keine Ahnung, wie es nun weitergehen sollte. Niemand hatte mir erklärt, dass ich eine onkologische Rehabilitation beantragen konnte und nach einer bösartigen Tumorerkrankung unbedingt ein Antrag auf Schwerbehinderung gestellt werden sollte. Dies alles war mir zum Zeitpunkt meiner Entlassung aus dem Krankenhaus völlig unbekannt. Ich musste meinen Weg zur Bewältigung meiner Krebserkrankung allein finden, was ich rückblickend sehr bedauere und mich wertvolle Kraft und Zeit gekostet hat. Meinen Antrag auf Schwerbehinderung habe ich zum Beispiel erst Jahre später auf Anraten eines verständnisvollen Kollegen gestellt, obwohl dies sofort nach der Operation möglich gewesen wäre. Zwar wurde ich in die Nachsorge des Universitätsklinikums zur regelmäßigen medizinischen Überwachung überwiesen, ansonsten jedoch bekam ich keinerlei Unterstützung oder Beratung seitens des Krankenhauses. Zusammenfassend muss ich sagen, dass dieser Aspekt bei der Behandlung meiner Erkrankung leider komplett vernachlässigt worden ist und genau so lief, wie es keinem an einem bösartigen Tumor erkrankten Patienten zu wünschen ist.

Wieder zu Hause

Zu Hause erwartete mich eine liebenswerte Überraschung. Mein fürsorglicher Mann hatte daran gedacht, dass ich die schmalen und engen Treppen in unser ausgebautes Dachgeschoss, in dem sich unser Schlafzimmer befand nicht würde bewältigen können, und so hatte er mir ein extra angeschafftes Bett mit hoher Matratze in unser Arbeitszimmer in den ersten Stock gestellt. Da sich das Badezimmer unmittelbar daneben befindet, hatte das den entscheidenden Vorteil, dass ich nicht weit hin und her und Treppen rauf und runter tappen musste, wenn ich mal ins Bad wollte. Obwohl es mir schon weitaus besser ging als direkt nach der Operation, war ich doch noch sehr schnell erschöpft und zu allem was ich tat, musste ich mich aufraffen.

Da noch Herbstferien waren, verbrachte unser Sohn diese Zeit bei meiner Mutti und würde erst einer Woche mit ihr zu uns zurückkommen, damit ich mich noch ein paar Tage erholen konnte und noch etwas zur Ruhe käme.

Mittlerweile waren in der Nachsorgeambulanz des Klinikums auch die Klammern meiner OP-Wunde mittels eines speziellen Klammerentferners herausgezogen worden. Das war schon ein ausgesprochen seltsames Gefühl, als das viele Metall aus meinem Körper wieder mit einem leichten Ziepen entfernt wurde. Der Anblick, der sich mir dabei bot, war nicht schön, eine wulstige und stark gerötet Narbe dominierte einen aufgeblähten Bauch, über den ich kaum hinwegsehen konnte und der bei jedem kleinen Hüsterle und jeder Bewegung schmerzte.

Mein Bauch war so stark geschwollen, dass ich aussah, wie eine Schwangere kurz vor der Entbindung und ich konnte mich überhaupt nur bewegen, wenn ich meinen Bauch dabei festhielt und ganz langsam ging. Einmal, als ich mich zum Spazieren an der frischen Luft aufgerafft hatte, um endlich mal wieder etwas Anderes als meine eigenen vier Wände zu sehen, sagte eine Nachbarin: „Da kann man ja gar nicht zusehen, wenn Sie Laufen, da sieht man ja, wie das weh tut".

Ja, es tat wirklich noch sehr weh. Ich entsinne mich, dass ich mich auf meinen Schlaf freute, weil dies die einzige Situation war, in der ich keine körperlichen Schmerzen empfand. Ganz besonders mochte ich den kurzen Augenblick nach dem Erwachen, wenn man schon nicht mehr schläft aber auch noch nicht wach ist. In diesem magischen Moment fühlte sich mein Körper leicht und unversehrt an, bis dann die Schmerzen trotz aller Schmerzmedikamente mit Macht zurückkehrten.

Die Zeit nach meiner Operation und Krankenhausentlassung habe ich als ausgesprochen ruhig und ereignisarm in Erinnerung. Im Wesentlichen schlief ich sehr viel, ich war immer müde und erschöpft und das sollte sich auch die nächsten Wochen nicht ändern. Permanente Erschöpfung und Antriebslosigkeit waren von nun an meine ständigen Begleiter. Zu jeder kleinen Handlung musste ich mich mühsam aufraffen. In meiner Erinnerung sehe ich mich in diesen Tagen immer in meinem Bett liegend oder auf dem Sofa sitzend. Schon der Gang vom Wohn- ins Badezimmer war eine Herausforderung, die ich so lange wie möglich zu vermeiden versuchte. Heute bin ich überzeugt, dass ich damals am Chronischen Erschöpfungssyndrom, einem Fatigue-Syndrom gelitten habe, welches bei Krebspatienten nicht selten ist, aber leider zu wenig Beachtung erfährt.

Mir hat sehr geholfen, dass nach einer Woche mein Sohn von den Ferien bei meiner Mutti nach Hause kam. Ich hatte nun eine Aufgabe, die mich aus meinen trüben Gedanken um meine Zukunft und die Zukunft meiner Familie riss. Natürlich kümmerte sich in dieser Zeit vor allem mein Mann um den Haushalt und die alltäglichen Besorgungen, weil ich nicht einmal eine Tasse Kaffee anheben konnte, ohne dass ich das Gefühl hatte, dass es gleich meine Narbe auseinanderreißen würde. Leider war ich wohl nicht vorsichtig genug, wollte zu schnell zu viel heben oder ich hatte ich hatte einfach, wie nicht wenige Patienten, die im Bauchraum operiert werden, einfach Pech, weil relativ schnell klar war, dass ich einen großen Narbenbruch hatte, vor dem ich mich doch immer gefürchtet hatte.

In meinen Augen gibt es keinen für alle Menschen gültigen Weg, mit einer im wahrsten Sinne des Wortes einschneidenden Diagnose umzugehen. Ich lenkte mich ab, indem ich viel las und niemals ernsthaft über die Frage grübelte, warum es ausgerechnet mich getroffen hatte. Mein geliebter Sohn war erst in der ersten Klasse und ich wollte doch unbedingt erleben, wie er groß werden würde. Der Gedanke daran, dass es nun irgendwie weitergehen müsste und ich mir ja fest vorgenommen hatte, unbedingt 10 Jahre zu überleben, gab mir letztlich auch die Kraft, mich immer wieder zu kleinen Aktivitäten aufzuraffen und so konnte ich auch zunehmend größere Runden um mein Haus tippeln.

In dieser stillen und ruhigen Zeit erhielt ich etwa drei Wochen nach meiner Entlassung aus dem Krankenhaus einen Anruf von einem der mich dort behandelnden Ärzte. Wir saßen gerade -wie häufig- in unserem Wohnzimmer auf dem Sofa, als er uns mitteilte, dass er eine sehr gute Nachricht überbringen könnte, da sich meine ursprüngliche Diagnose geändert hätte. Diese würde nun nach Vorliegen der immunhistochemischen Befunde, also auf Grund der Untersuchungen mit markierten Antikörpern auf „epitheloides Angiomylipom" lauten. Ein entsprechender Nachbericht würde noch erstellt werden. Ein epitheloides Angiomylipom sei nach gegenwärtigem Erkenntnisstand keine „high grade maligne Neoplasie", wie es später in meinem Nachtrag zum Entlassungsbericht stand, sondern lediglich potentiell maligne, da in der Literatur Fälle einer Lymphknoten- oder Fernmetastasierung beschrieben sind.

Woh! Was für eine Nachricht! Ich rief sofort meine Mutti meinen Vati und meine Geschwister an, um die tolle Neuigkeit zu überbringen und mich mit Ihnen zu freuen.

Meine danach durchgeführte neugierige Suche nach „epitheloides Angiomylipom" im Internet erbrachte keinerlei brauchbare Ergebnisse und lies mich eher ratlos zurück. Dr. Google war erstaunlicherweise zu keiner Auskunft fähig. Alles was ich ausfindig machen konnte, bezog sich lediglich auf den Begriff des „Agiomyolipoms", also immer gutartigen Tumoren der Niere.

Diese für einen Laien schwierig zu verstehende Unterscheidung der Begriffe führte dazu, dass mein Vati, der den Begriff ebenfalls googelte, zu seinem großen Glück sehr lange in den Glauben lebte, dass mir zwar eine große Geschwulst entfernt worden war, diese aber immerhin gutartig gewesen sei. Tatsächlich lies ich ihn in dieser Überzeugung, um ihn nicht weiter zu beunruhigen.

Sogar bei späteren ärztlichen Untersuchungen ist es mir ab und an passiert, dass ich meine große Bauchnarbe mit den Worten erklärt habe, dass mir ein epitheloides Angiomylipom entfernt wurde und dann die Antwort bekommen habe „Ach, ein Myolipom, dann war es ja gutartig". Nein, das war es nicht und ist es nie gewesen, auch wenn ich mir dies sehr gewünscht hätte und mein Tumor nun als lediglich potentiell maligne eingestuft wurde.

Nur jemand, der schon einmal selbst in dieser Situation war, kann zum Beispiel ermessen, welche Ängste ich ausstand, wenn wieder ein Termin in der Tumornachsorge bevorstand und ich auf Lungen- und Lebermetastasen untersucht wurde.
In der Tumornachsorge des Universitätsklinikums hatte fast jedes sich Mal ein anderer Assistenzarzt Dienst, selten bekam ich einen der mich dort untersuchenden Ärzte mehr als einmal zu Gesicht. Da es nur sehr

wenige Erkrankte mit meiner Tumorart gibt, lief mein Besuch in der Sprechstunde meist folgendermaßen ab: der jeweils diensthabende Arzt studierte zunächst meine Patienten-Akte um sich dann mit den Worten: „Sie haben ja einen ganz seltenen Tumor" einmal auch mit dem Nachsatz „Sie sollten Lotto spielen" an mich zu wenden. Da es für meinen Tumor auf Grund der wenigen überhaupt in der ärztlichen Fachliteratur beschriebenen Fälle, keine Leitlinien für die Nachsorge und auch keine Tumormarker gab, kam es mir immer ein wenig vor, als würde ich durch ein diagnostisches Raster fallen und es müsste bei der Nachsorge ein klein wenig improvisiert werden.

Es klingt vielleicht seltsam für einen Außenstehenden, aber manchmal habe ich mir gewünscht, ich wäre anstatt an meinem super seltenen Tumor, den keiner kannte und den ich immer erklären musste, an Brustkrebs erkrankt. Dann hätte ich nur meine Diagnose genannt und allen wäre sofort klar gewesen, warum ich jetzt gerade müde bin oder schlecht gelaunt bin oder gerade keine Lust auf irgendetwas habe. Es ist schon absurd, aber ich habe einige Zeit an Brustkrebs erkrankte Frauen darum beneidet, dass es für ihre Erkrankung Leitlinien zur Behandlung und zur Nachsorge gibt aber vor allem habe ich an ihrer Stelle sein wollen, wenn es darum ging, sich mit gleich betroffenen über Foren oder auch im persönlichen Gespräch austauschen zu können, dies alles war in meinem Fall nicht möglich.

Die Zeit verging, mittlerweile war es schon Mitte November und ich seit etwa 4 Wochen aus dem Krankenhaus entlassen. Ganz langsam kehrte in mein Leben der Alltag zurück und ich beschloss, obwohl ich voraussichtlich noch sehr lange krankgeschrieben sein würde, Kontakt mit meinen Arbeitskollegen aufzunehmen, von denen ich mich ja nicht einmal verabschiedet hatte. Zunächst meldete ich mich bei meiner Lieblingskollegin und schrieb ihr eine sehr persönliche und ausführliche E-Mail zu meinem Gesundheitszustand. Da ich von jetzt auf gleich nicht mehr auf Arbeit erschienen war und mein Chef natürlich aus Datenschutzgründen keine Details zu meinem Gesundheitszustand berichten durfte, waren schon die wildesten Gerüchte im Umlauf und es hatte sich keiner getraut, einmal direkt bei mir nachzufragen. Das kann ich natürlich sehr gut nachvollziehen, denn wer hat keine Scheu davor, einen an Krebs oder anderweitig schwer Erkrankten anzurufen. Ich zumindest würde mich auch heute noch schwer damit tun.

Der wieder aufgenommene Kontakt mit meinen Kollegen tat mir sehr gut, weil er mich ablenkte und mein Leben langsam, aber sicher wieder in normale Bahnen lenkte. Meine Gedanken kreisten nun nicht mehr ständig um den operativen Eingriff und die Angst vor einem Rückfall. Schwer zu schaffen machte mir vor allem die überdeutliche große Narbe an meinem Bauch. Für mich stand und steht sie bis heute für die Tatsache, dass es im Leben keine Gewissheiten und Sicherheiten gibt und alles ohne Vorwarnung ein jähes Ende finden kann.

Mit meiner Narbe habe ich sehr lange gehadert. Jeden Tag vermied ich bei der Körperpflege den Blick in den Spiegel, um ja nicht das noch immer sehr gerötete, wulstige und schmerzende Ungetüm sehen zu müssen. Darüber hinaus zeichnete sich ein großer Narbenbruch deutlich ab, der mich schon erahnen ließ, dass eine Folgeoperation notwendig sein würde. Heute, fast 10 Jahre und eine Narbenbruchoperation später, ist meine Narbe immer noch kein Schmuckstück. Aber sie ist deutlich verblasst und wenn ich sie mir im Spiegel ansehe denke ich eher, dies ist der Schnitt, der mein Leben gerettet hat.

Bis dahin war es allerdings eine sehr lange Reise, denn immer noch konnte ich nur Laufen, wenn ich mir den geschwollenen Bauch dabei festhielt. Auch das Anheben eines Wasserkochers gab mir das Gefühl, dass mir gleich meine Bauchnarbe platzten würde. Trotzdem habe ich diese Zeit als sehr glücklich in Erinnerung. Ich war eine Überlebende und ich würde es die nächsten 10 Jahre bleiben. Nichts Anderes zählte, als dass ich sehen würde, wie mein Kind erwachsen werden würde und ich meinen nun großen Sohn am Tag seiner letzten Zeugnisausgabe auf der Bühne bewundern könnte.

Auf meinem Weg, mein neues Leben, mit den verbundenen Einschränkungen zu akzeptieren, hat mir der Rat eines Heilpraktikers, den ich über den Sportverein meines Sohns kannte, der damals eine Kampfsportart trainierte, sehr geholfen. Obwohl ich das letzte Mal vor etwa zwanzig Jahren einen Heilpraktiker aufgesucht hatte und die Behandlung damals nicht von Erfolg gekrönt war, bin ich doch offen für alternative Behandlungsmethoden und –ansätze. Tatsächlich wurde ich nicht im klassischen Sinne „behandelt", sondern der Heilpraktiker erteilte mir einen Auftrag. Da ihm nicht entgangen war, wie sehr ich noch mit meinem veränderten Körper und den Geschehnissen haderte sollte ich überall in meiner Wohnung kleine Zettel mit dem Spruch „Ich freue mich auf mein neues Leben in Gesundheit und ich fühle mich in meinem Körper wohl" anzubringen. Ich habe diesen Motivationsspruch zwar nicht überall in meiner Wohnung befestigt aber doch in meinem

Badschrank und jedes Mal, wenn ich mir aus diesem meine Zahnpasta nahm, sagte ich mein Sprüchlein auf. Selbstmotivation bewirkt eine Menge und so freute ich mich, nicht nur aber doch auch wegen dieses wie ein Mantra aufgesagten Spruches, langsam, aber sicher wieder auf mein „neues Leben in Gesundheit". Da ich gedanklich fest davon ausgehen wollte, dass mein Tumor, der ja nun nicht mehr als „hochgradig-bösartig" eingestuft wurde, komplett operativ entfernt wurden war, habe ich mich außer zwei Besuchen beim erwähnten Heilpraktiker mit bioenergetischer Spezialisierung nicht mit weiteren alternativen Behandlungsmethoden beschäftigt. Dies geschah aber keinesfalls aus Ablehnung, sondern weil meine Gedanken sich darauf fokussieren wollten, dass ich jetzt gesund wäre.

Bei dieser Frage – der Wahrnehmung von Behandlungsansätzen jenseits der Schulmedizin - gibt es kein richtig oder falsch. Jeder Betroffene muss für sich selbst entscheiden, was ihm am meisten hilft. Der Gedanke, noch weitere Methoden wie Immunstimulation oder spezielle Krebsdiäten zur Vermeidung einer Metastasierung, löste bei mir immer eine Blockadehaltung aus. Er gab mir das Gefühl, mich zu sehr mit negativen Dingen
zu beschäftigen und mich mental in ein tiefes schwarzes Loch zu ziehen. Stattdessen schrieb

ich mir tief in mein Bewusstsein die Einschätzung meines Entlassungsberichtes ein: „Eine vollständige Resektion ist angesichts der hier zumindest partiell erhaltenen, bindegewebigen Bekapselung… durch aus möglich".

Gesundheitlich ging es stetig aufwärts und ich entsinne mich, dass ich dies Zeit bis Weihnachten als sehr ruhig und familiär in Erinnerung habe. Regelmäßige Telefonate und Besuche meiner Familie und Freunden brachten etwas Abwechslung in mein Leben, ansonsten brauchte ich nicht viel davon. Mein Mann und ich, wir gingen jeden Tag, wenn auch langsam wie die Schnecken, um das Haus spazieren und verbrachten die gemeinsame Zeit mit unserem Sohn beim Spielen und Hausaufgaben machen.

Da ich endlich einmal in meinem Leben Zeit hatte, um einfach nur herumzutrödeln oder abzuwarten, bis der Tag vergeht, ein Zustand, den ich schon seit Jahren nicht mehr kannte, war nebenbei mein Bluthochdruck gesunken und erreichte auch ohne Tabletten optimale Werte. Seitdem ist mir bewusst und es hat sich auch in den folgenden Jahren mehr als bestätigt, dass meine Hypertonie, bei deren Abklärung meine Tumordiagnose quasi nebenbei als Zufallsbefund mit abfiel, eine fast ausschließlich stressbedingte Ursache hat.

In den nächsten Monaten

Bevor das epitheloide Angiomylipom bei mir diagnostiziert worden war, also schon einige Zeit vor meiner Operation und nach meinen beiden schweren Lungenentzündungen, hatte ich erst eine Mutter-Kind-Kur und nachdem diese abgelehnt war, eine stationäre Reha-Maßnahme für mich beantragt. Auch diese war von der Rentenversicherung abgelehnt wurden. Mein Widerspruch, den ich daraufhin mit einer Rechtsanwältin erhoben hatte, befand sich zum OP-Zeitpunkt noch in der Bearbeitung und nach Ergänzung der eingereichten Dokumentation durch die aktuellen Unterlagen zur Tumor-Diagnose bekam ich die Reha von der Rentenversicherung ohne weitere Nachfragen genehmigt.

So trat der kuriose Fakt ein, dass ich im Anschluss an die Entfernung meines Tumors, zu Beginn des neuen Jahres, nicht etwa einen Platz in einer psychoonkologischen Maßnahme bekam, sondern mich in einer Reha-Klinik für Patienten mit kardiologischen Problemen wiederfand. Dort sollte ich meinen – zu diesem Zeitpunkt erstaunlich niedrigen - Bluthochdruck unter Kontrolle bekommen und mich selbst wieder aktivieren. So lauteten zumindest meine Reha-Ziele, die in dem mir ausgehändigten kleinen Begleitbüchlein zu Reha so niedergeschrieben wurden.

Die behandelnden Ärzte der Rehabilitationsklinik in Hessen waren einigermaßen erstaunt, als ich mit meinem Krankheitsbild vor ihnen stand, da ihre Klientel üblicherweise aus Patienten bestand, denen gerade ein Bypass gelegt worden war oder die an sonstigen kardiologischen Beschwerden litten. Später erfuhr ich, dass sich die Schwester-Reha-Klinik, welche auf onkologische Probleme spezialisiert war und die besser für mich geeignet gewesen wäre, gleich nebenan befand, was ich schon als sehr seltsam empfand. Nichts desto trotz taten mir die vier Wochen, die ich in der Reha verbrachte, außerordentlich gut. Insbesondere der regelmäßige, wenn auch immer noch sehr gemächliche Sport, ließ mich wieder Zutrauen zum Leistungsvermögen meines Körpers fassen.

Was mir allerdings bis heute zu denken gibt, ist die Tatsache, dass mich auch in der Reha-Klinik niemand auf die Möglichkeit hinwies, einen Schwerbehindertenantrag zu stellen. Wohl erfolgte eine allgemeine Sozial-Beratung über die Möglichkeiten, schrittweise wieder in das Berufsleben einzusteigen und sich wieder in eingliedern zu lassen, das war es dann aber schon. Möglicherweise gab hierbei die Diagnose „Angiomylipom" den Ausschlag, welche den Berater fälschlicherweise auf ein gutartiges Geschehen schließen ließ.

Zum Abschluss meines vierwöchigen Aufenthaltes in der Reha-Klinik war ich soweit im Reinen mit mir, meiner dicken Narbe und meiner Erkrankung, wie man es 6 Monate nach einem schweren Eingriff nur sein kann und ich fühlte mich fit genug, langsam wieder in das Berufsleben stundenweise zurückzukehren. Da ich schon seit Wochen wieder lose Kontakt mit meinen Kollegen hielt, war der Schritt nicht völlig unerwartet und ich freute mich, endlich wieder in die Normalität zurückzukehren.

Naja, ich gebe zu, ich hatte schon Lust, wieder unter Leute zu kommen, aber wir brauchten auch dringend das Geld. Die Raten für unser Haus wären, ohne meinen Verdienst nicht zu stemmen gewesen und so lastete neben der Freude auf meine Arbeit auch ein sehr hoher Druck auf mir.

Die Arbeit beginnt

Jeder, der aus welchen Gründen auch immer und ob freiwillig oder auch nicht, eine längere Arbeitsauszeit einlegt, kennt das seltsame Gefühl, das einen beschleicht, wenn es dann wieder soweit ist und der erste Arbeitstag naht. Und so konnte auch ich vor dem nun anstehenden Tag meiner beruflichen Wiedereingliederung kaum schlafen, obgleich diese mit 3 Stunden am Tag sehr gemächlich beginnen sollte. Da ich vorwiegend am Computer arbeite, kamen zum Glück keine körperlich schwierigen und anstrengenden Aufgaben auf mich zu. Meine Tätigkeit ist sehr anspruchsvoll und deshalb machte mir am meisten Angst, dass ich mich nun wieder durchgängig konzentrieren musste. Wie sollte das nur mit den ab und an mich noch immer plötzlich und heftig überkommenden Müdigkeitsschüben funktionieren?

Die Kollegen, mit denen ich am engsten zusammenarbeitete, wussten alle Bescheid, dass dies mein erster Tag nach meinem plötzlichen Verschwinden war. Deswegen konnte ich mich nach einem fröhlichen Willkommen einfach und ohne lange Erklärungen an meinen alten Platz setzten und mir anzusehen, was in meiner Abwesenheit alles liegen geblieben war und durch welchen Stapel ich mich nun durcharbeiten würde. Auf

Grund der hohen Spezialisierung meiner Arbeit waren bestimmte Aufgaben nur teilweise von den Kollegen übernommen wurden und warteten jetzt schon auf ihre dringende Bearbeitung durch mich. Obwohl ich in den Wochen meiner Wiedereingliederung jeden Tag nach Hause fuhr und völlig erschöpft und so müde war, dass ich mich erst einmal zum Mittagsschlaf hinlegen musste, so war ich doch gleichzeitig sehr glücklich darüber, dass die Normalität mich wiederhatte und das gute Gefühl, auch auf Arbeit vermisst wurden zu sein, macht mich froh. Auch unsere wirtschaftliche Situation hellte sich nun auf, da die Wochen meiner Erkrankung schon sehr an unseren Reserven gezehrt hatten.

Im Nachhinein ist mir schon bewusst, dass ich einen hohen Preis dafür bezahlt habe, relativ schnell und fast mit derselben Belastung wie vor meiner Tumorerkrankung zurück an die Arbeit zu kehren, aber damals erschien mir der Weg alternativlos. Mit der schnellen Rückkehr wollte ich insbesondere mir selbst, meiner Familie und meinen Freunden beweisen, dass es noch einmal gut gegangen war und das Leben nun weitergehen würde. Rückblickend wäre es besser für mich gewesen, eine psychologische Betreuung wahrzunehmen und die Geschehnisse der letzten Monate für mich selbst zu reflektieren. Meine Ruhe hatte ich nur oberflächlich zurückgewonnen, in meinem Innersten rumorte es und ich kämpfte mit meinen Ängsten vor einem Rückfall oder vor einer Metastasenbildung und mit meiner Trauer um den Verlust meiner körperlichen Unversehrtheit und Leistungsfähigkeit und ja, auch vor dem der körperlichen Attraktivität.

Ab und an begegnet man ja der Meinung, dass nach einer bösartigen Tumorerkrankung oder nach dem Überstehen anderer entsprechenden Grenzsituationen, sich die Prioritäten im Leben verschieben. Mir war ein großer und loser Freundes–und Bekanntenkreis noch nie zu besonders wichtig gewesen und so konzentrierte ich mich noch mehr auf meine Kernfamilie und ausschließlich enge Freunde, fast sonderte ich mich etwas von der Welt ab und wurde ein wenig eigenbrödlerisch.

Diese Zeit der Unsicherheit und Ungewissheit hatte nicht nur eine große Narbe in meinem Bauch, sondern auch in meiner Seele hinterlassen. Ich wurde noch ernster, als ich es ohnehin schon war und es war schwierig für mich, neue Kontakte zu knüpfen und leichte Gespräche zu führen.

Erst Jahre später bemerkte ich, dass meine eigenen Schmerzen und Beschwerden mich unsensibel gegenüber – zumindest in meiner Wahrnehmung - leichten Wehwehchen und

Schmerzen in meinem Umfeld gemacht hatten. Wobei unter „leicht" für mich alles außer lebensbedrohlich oder zumindest sehr schmerzhaft fiel. Ich konnte es schlicht nicht mehr ertragen, wenn jemand in meiner Gegenwart ausdauernd über in meinen Augen absolute Nichtigkeiten jammerte. Bewusst wurde mir dies erst, als ein guter Freund ganz direkt zu mir sagte: „Ja, du hast viel durchgemacht, aber für diese konkrete Person ist jetzt genau diese Situation sehr belastend und das ist das Entscheidende". Seitdem bemühe ich mich, zumindest ab und an, einen Perspektivwechsel vorzunehmen und sensibler zu sein.

In den nächsten Wochen und Monaten erkämpfte ich mir hartnäckig und Stück für Stück fast mein altes Leben zurück. Ich versuchte die Sportübungen, die ich bei der Reha gelernt hatte, in meinen Alltag zu integrieren und schaffte es nun sogar, um meinen Block zu walken, anstatt wie nach der OP, langsam und mit fest gehaltenem Bauch langsam um dieses herum zu schlurfen. Familiär und auch auf Arbeit lief es gut.

Regelmäßig bis in die Knochen kam die Angst in mir zurück, wenn ich zuerst im Abstand von 3 Monaten und danach alle 6 Monate zu meinen Nachsorge-untersuchungen musste. Dieses beklemmende Gefühl hat mich auch in den nächsten Jahren nie ganz verlassen und ist höchstens ein wenig schwächer geworden. Die Nacht vor einem anstehenden Krebsnachsorgetermin kann ich bis heute nicht gut schlafen und jedes Mal nach der erlösenden Nachricht „Ohne Befund" feiern wir diese tolle Nachricht. Alles ist gut – bis zur nächsten Untersuchung fühle ich mich sicher und befreit. Über den mehr als nervigen Tatbestand, bei jeder Nachsorge von einem anderen Assistenzarzt erklärt zu bekommen „Ihr Tumor ist ja so selten" oder „Ihr Tumor ist ja etwas ganz Besonderes" habe ich ja schon berichtet. Ich hätte in meinem Leben gern auf diese sehr seltene Besonderheit verzichtet.

Die Angst sitzt in den Narben

Die Wochen und Monaten vergingen wie im Fluge und wer mich nicht ganz genau kannte, musste wohl annehmen, dass fast alles wieder beim „Alten" wäre. Tatsächlich benötigte ich all meine Kraft, um im Alltag zu funktionieren, aber das geht ja den allermeisten von uns auch ganz ohne schwere Erkrankung so und ist ganz normal. Die grübelnden Gedanken, die manchmal in mir aufkamen, dass ich meine Situation vielleicht doch noch nicht abschließend verarbeitet hatte, schloss ich tief in mir ein bis sie mit Macht an die Oberfläche drängten.

Meine körperliche Leistungsfähigkeit war schon wieder passabel. Eisern arbeitete ich daran, wieder mobil und fit zu werden und zu bleiben, nur das Tragen von schweren Gegenständen ist bis heute ein Tabu für mich. Schon, wenn ich einen schweren Aktenordner tragen muss, bitte ich einen Kollegen um Hilfe und meine Einkäufe erledige ich nur mit meinem schmucken „Rentner-Mercedes", den ich hinter mir herziehe. Gelegentlich bringt mir das erstaunte Blicke ein, weil ich mit der Benutzung eines solchen Einkaufstrolleys gefühlte dreißig Jahre unter Altersdurchschnitt liege. Interessanterweise bin ich durch die Nutzung meines Gefährtes aber auch schon mehr als einmal mit Passanten ins Gespräch gekommen, die mich nach meinen Erfahrungen mit diesem befragten.

Etwa eineinhalb Jahre dauerte meine relativ stabile Phase, in der ich zwar immer mal extreme Müdigkeitsattacken bekam, mich ansonsten jedoch gut fühlte. Wir fuhren unbeschwert in den Urlaub und ich bin bis heute stolz auf die Gletscherwanderung in den Alpen, die ich nur ein Jahr nach der OP mit meiner Familie bewältigen konnte.

Zunehmend machten sich jedoch unspezifische Beschwerden und Symptome bei mir bemerkbar, die in keinem Zusammenhang zu meiner Tumorerkrankung zu stehen schienen. Zum Teil hatte ich starke Schmerzen, die anscheinend vom Herzen ausgingen und bis in den linken Arm ausstrahlten oder der Arm fühlte sich taub und schwer an und meine Fingerbewegungen ließen sich nicht mehr gut koordinieren.

Zudem hatte sich das Arbeitsklima in meiner Firma verdunkelt. Zwischenzeitlich war es zu einer Umstrukturierung gekommen und Gerüchte von drohenden Entlassungen fanden ihren Weg über die Flure. Die Zukunft meines Arbeitsbereiches war nicht sicher, während die Arbeitsbelastung stetig anstieg. Die ganze

Situation war sehr unbefriedigend, was mir sehr zu schaffen machte.

Mein Leben wurde nach einer relativ stabilen Zeit wieder Angst-besetzt. Angst vor Metastasen, Angst vor dem Verlust meines Arbeitsplatzes, Angst vor finanziellen Nöten und Angst vor einem lebensbedrohlichen Darmverschluss durch meinen sehr großen Narbenbruch.

Mehr als einmal fand ich mich in dieser Zeit der Ängste im Klinikums wieder, um einen eventuellen vorausgegangenen Herzinfarkt - auf Grund der ausstrahlenden Schmerzen in den Oberbauch und den linken Arm - auszuschließen. Nie konnte für diese Symptome eine Ursache gefunden werden. Die Gesamtsituation war sehr deprimierend und niederschmetternd, da ich mir das Geschehen einfach nicht erklären konnte und nicht weiterwusste. – Bis ich Vertretungsweise wegen eines Infektes zu einem Allgemeinmediziner ging, der auch auf Naturheilmethoden und komplementäre Methoden spezialisiert war. Er nahm sich, als einer der wenigen Mediziner, sehr viel Zeit für meine Krankheitsgeschichte und erklärte mir, dass er vermute, dass die Narben in meinem Körper wie Störfelder wirken, die weit entfernte Körperregionen beeinflussen würden. Dies alles könnte eine Ursache für meine so unspezifischen Beschwerden sein.

Ich habe einige Narben an meinem Körper, wer hat die nicht? Dennoch musste ich dem Arzt sofort recht geben: Nichts war so dominant an meinem Körper, wie die riesige Triangel-Narbe auf meinem Bauch. Der Mediziner empfahl mir eine Neuraltherapie. Dabei sollten mit Procain, einem Lokalanästhetikum, meine Tumoroperationsnarbe auf ganzer Länge unterspritzt werden und so eine Fernwirkung auf meine Schmerzfelder ausgeübt werden.

Einen Versuch war es auf alle Fälle wert!
Noch ein weiteres Mal wollte ich nicht mit Herzinfarkt ähnlichen Symptomen in der Notaufnahme des Klinikums landen.
Haben Sie sich jemals eine, auf die Gesamtlänge gerechnet, ca. 30 cm lange Narbe auf dem Bauch unterspritzen lassen? Noch heute treibt mir die Erinnerung daran die Schmerztränen in die Augen.

Der behandelnde Arzt hatte mich gewarnt, dass es eine sehr schmerzhafte Erfahrung für mich werden würde. Ausschlaggebend, dass ich mich letztlich für seine Behandlung entschied, war sein Satz: „Die Angst sitzt in den Narben". Den kompletten Wahrheitsgehalt dieser Aussage habe ich erst später verstanden. Vorerst fand ich mich im Behandlungsraum wieder und schrie bei jeder

Spritze, die mir der Arzt unter meine Narbe setzte, wie am Spieß und das nicht nur vor Schmerz, sondern tatsächlich auch vor purer Angst. Alle Bilder stiegen aus meinen versiegelten Erinnerungen wieder hinauf und die Angst vor dem Verlust meiner Organe war so gegenwärtig wie kurz vor der Operation und genauso gegenwärtig wie die Trauer um den Verlust der Leichtigkeit in meinem Leben.

Auf Grund des Ausmaßes der Narbe waren mehrere Sitzungen erforderlich und jede einzelne von ihnen habe ich als Tortur empfunden. Jedes Mal durchlitt ich all den tiefen Schmerz und wähnte mich wieder hilflos im Krankenhaus mit der Angst, außer meiner Niere auch die Milz und Teile des Pankreas zu verlieren. Aber nach Abschluss dieses nicht nur körperlich sehr anstrengenden Prozesses hatte ich tatsächlich das Gefühl, für mich einen Abschluss gefunden zu haben.

Ich bin keine Ärztin und es liegt mir fern, konkrete Behandlungsempfehlungen zu geben, mir jedoch hat das Unterspritzen meiner Narben sowohl für die Linderung von körperlichen Beschwerden als auch für die Verarbeitung der Erkrankung einen entscheidenden Schub gebracht, denn auch meine Angst saß wohl in den Narben.

Leider hatte meine Angst aber auch sehr reale Gründe. Nicht, dass Metastasen diagnostiziert wurden wären. Nein, obwohl ich nach wie vor mit großen Ängsten meine regelmäßigen Vorsorgetermine wahrnahm, war ich glücklicherweise davor verschont geblieben. Nein, meine zunehmende Angst hatte andere Ursachen.

Die Reorganisation an meinem Arbeitsplatz nahm wieder Fahrt auf und ich fühlte mich den wachsenden Herausforderungen und fortlaufenden Änderungen nicht mehr gewachsen. Dazu kamen wegen meiner angeschlagenen Gesundheit und vielen Infekten, die mich in dieser Zeit häufig heimsuchten, zahlreiche Fehltage, die sich zu mehrwöchigen Fehlzeiten summierten. Ich fühlte mich vor meiner intensiven Narbenbehandlung ausgebrannt und leer und fürchtete mich vor dem möglichen Verlust meines Arbeitsplatzes.

Und noch einen Fakt musste ich erst einmal verarbeiten. Nach Monaten und Jahren, in denen ich die ich Diagnose des „epitheloiden Angiomylipoms" als nur niedrig gradigen bösartigen Tumor nicht in Frage gestellt hatte, beging ich den Fehler, den Begriff nur aus einer Laune heraus bei einer Internetsuche einzugeben. Das Ergebnis war nichts weniger als ein weiterer Schock in Bezug auf meine

Krebserkrankung. Was ich bei meiner kurzen Recherche fand, war ein Fachartikel zur Klassifizierung von Nierentumoren in dem ich schwarz auf weiß nachlesen konnte. „Im Gegensatz zum konventionellen Angiomylipom wird neu das epitheloide Angiomylipom als maligner Tumor angesehen"

Von lediglich potentiell maligne war keine Rede mehr.
Vor zwei Jahren war mir tatsächlich ein bösartiger Nierentumor entfernt worden.

Mich erstaunt bis heute, wie rein zufällig ich auf diese Neueinordnung des Tumors etwa zwei Jahre nach meiner Operation gestoßen bin und nicht etwa bei einer meiner üblichen Nachsorgeuntersuchungen von einem der wechselnden Assistenzärzte darauf hingewiesen wurde. Sowohl die unklare Situation bei mir auf Arbeit als auch die Heraufstufung meines Tumors bezüglich seiner Bösartigkeit ließen mich in ein tiefes Loch fallen, aus dem ich mich auch mit der Unterspritzung meiner Narben langsam wieder herausarbeiten konnte.

Der Kampf gegen die Institutionen

Etwa zur selben Zeit, zu der ich zufällig von der Neuklassifizierung meines Tumors erfuhr, kam ich mit einem netten älteren Kollegen ins Gespräch, der mir anvertraute, dass auch er Angst um seine Arbeit hätte und dabei sei, seine Schwerbehinderung zu beantragen. Von ihm erfuhr ich erstmalig, wie dies überhaupt von statten geht und welche Dinge zu beachten sind und dass ich als Krebspatientin einen Anspruch darauf hatte. Ich kann nicht wirklich erklären, warum ich nicht viel eher daran gedacht habe und wertvolle zweieinhalb Jahre verstreichen ließ. Vielleicht war ich mental dafür noch nicht bereit gewesen oder ich sah keine Notwendigkeit oder ich hatte keine Zeit oder ich wollte meine Situation nicht auch noch mit einem grünen Ausweis bestätigt. Wie auch immer, es war mir bis zu diesem Gespräch nie ernsthaft in den Sinn gekommen, einen Antrag auf Schwerbehinderung zu stellen.

Da die Anerkennung einer Schwerbehinderung einen gewissen Kündigungsschutz bietet und ich mir wegen meiner vielen Fehlzeiten Sorgen machte, beschloss ich letztlich einen solchen Antrag zu stellen. Zumindest bei mir sollte sich dies zu einem langjährigen Unterfangen, trotz eindeutiger Faktenlage entwickeln.

Meinen Schwerbehindertenantrag reichte ich beim Fachdienst Soziales meines Wohnortes ein, nach dem ich mir aus dem Internet das erforderliche Formular heruntergeladen hatte und auch meine Untersuchungsbefunde alle zusammengesammelt waren. Da ich im Laufe meines Lebens noch ein paar andere Leiden aufgepickt habe und auch meinen Tumor ausführlich beschrieb, kam ich auf einen insgesamt dreiseitigen Antrag, den ich zusammen mit einem Stapel ärztlicher Befunde im März 2014 einreichte.

Bei der Beurteilung des Schweregrades einer Behinderung wird in Zehnerschritten vorgegangen. Der ermittelte Grad der Behinderung (GdB) gibt an, wie stark die Person durch ihre Behinderung eingeschränkt ist. Verschiedene Leiden addieren sich nicht, sondern die Beeinträchtigungen werden insgesamt bewertet. Ab einem GdB von 50 zählt man als schwerbehindert und es resultiert daraus auch ein gewisser Kündigungsschutz.

Da ich allein auf Grund meines bösartigen Tumors von der Anerkennung meiner Schwerbehinderung ausging, war ich baff erstaunt, als ich nur drei Monate später einen amtlichen Bescheid erhielt, der mir einen GDB von nur 30 zusprach. In der Begründung des Bescheides wurden alle meine aufgelisteten

Leiden anerkannt – alle, mit einer Ausnahme – und die war mein epitheloides Angiomyolipom. Die Begründung dazu macht mich bis heute extrem wütend, denn sie lautete „Eine messbare funktionelle Beeinträchtigung nach Entfernung eines Bauchtumors besteht nicht". Was bitte ist ein Bauchtumor? Ich jedenfalls ging in meinem Antrag nur auf meinen Nierentumor ein.

Ich gehe fest davon aus, dass die Ablehnung von Anträgen auf Schwerbehinderung genauso Methode hat, wie die von stationären oder teilstationären Reha-Anträgen. Immer wird bei dieser Masche auf die Aufgabe eines Großteils der Antragsteller spekuliert. Mich würde wirklich interessieren, wie viele Antragsteller aufgeben, weil sie keine Kraft oder Geduld mehr haben oder zwischenzeitlich schlicht versterben.

Der Weg durch die Instanzen, der bei einer Ablehnung eines Schwerbehindertenantrages anzutreten ist, erfordert viel Zeit und Nerven und nicht selten ist am Ende dieses Prozesses die Heilbewährungszeit, die bei vielen Krebsarten 5 Jahre beträgt schon verstrichen und das ganze Verfahren macht dann für den Antragsteller nur noch wenig Sinn.

Ich jedenfalls wollte nicht aufgeben und so schickte ich schon sieben Tage nach dem

Erhalt der Ablehnung meinen Widerspruch gegen den Bescheid ab. Gleichzeitig verfasste ich einen Antrag auf Gleichstellung mit einem schwerbehinderten Menschen bei der Bundesagentur für Arbeit, da auch diese Gleichstellung einen erhöhten Kündigungsschutz bietet und ab GdB 30 möglich ist.

Na klar, auch dieser Antrag wurde abgelehnt, wie hätte es auch anders sein sollen. Das schien das übliche Spielchen zu sein, erst einmal alles ablehnen und dann sehen, was kommt.

Zum damaligen Zeitraum war ich emotional und physisch recht stabil. Meine unklaren ausstrahlenden Schmerzen, die mich noch bis vor kurzem gequält hatten, waren meiner Narbenunterspritzung sei Dank, gut unter Kontrolle. Wäre das nicht der Fall gewesen, hätte ich mich gar nicht durch die Institutionen kämpfen können. Zwei Ablehnungen eines berechtigten Anliegens und dies so kurz hintereinander. Das ist schon schwierig und kann einen leicht entmutigen und aus der Bahn werfen. Allein die Antragstellung und das Zusammensuchen der Dokumente war aufwändig und seelisch sehr belastend.

Nun war aber auch mein Kampfgeist geweckt. Allein die seltsame Bezeichnung meines epitheloiden Angiomylipoms als

„Bauchtumor" treibt bis heute meinen Blutdruck in die Höhe. Damals empfand ich ihn als tiefe Kränkung und Verletzung meiner persönlichen Ehre. Vielleicht war es sogar nur dieser eine, für mein Verständnis fast abwertende Begriff, der mich letztlich meinen Antrag weitertreiben ließ.

Ich kann jedem, der sich in einer vergleichbaren Situation befindet, nur raten, immer weiter zu kämpfen und sich kompetente Hilfe zu holen. Mir empfahl mein netter Kollege, den ich bei meinen Schwerbehinderten-Anträgen immer in Vertrauen zog, mich an den Sozialverband VDK zu wenden. Dieser ist ein gemeinnütziger Verein, der auch sozialrechtliche Beratungen durchführt und notfalls die Interessen seiner Mitglieder vor Gericht vertritt.

Da mir die seelische Belastung, der mit den beiden Verfahren verbunden war, irgendwann neben meinem normalen Alltag einfach zu viel wurde, entschloss ich mich, alle Belange im Zusammenhang mit meiner Gleichstellung und meinem Schwerbehindertenantrag dem VdK zu übertragen. Diese Entscheidung habe ich nie bereut. Anstatt mich mühsam mit der komplizierten Materie selbst zu beschäftigen und mich jedes Mal über die Ignoranz der zuständigen Behörden zu ärgern gab ich meine Angelegenheiten an einen Anwalt ab, der genau wusste, wie vorzugehen war. Emotional war dies die beste Entscheidung, ich konnte die Verfahren weit von mir schieben und hatte nun wieder Zeit für mich und meine Familie und wurde nur informiert, wenn meine Mitwirkung unbedingt erforderlich war oder es etwas Neues gab.

Zunächst erkämpfte der VdK für mich einen Zwischenerfolg. Der Widerspruchsausschuss der Agentur für Arbeit bestätigte meinen Antrag auf Gleichstellung mit einem schwerbehinderten Menschen für zunächst 18 Monate. Nun hatte ich einen gewissen verbesserten Kündigungsschutz und auch mein Arbeitsplatz musste nun endlich ergonomisch und meiner Behinderung gerecht werdend umgestaltet werden. Das war schon einmal eine große Erleichterung und gab mir nun, da mein Arbeitsplatz doch für eine geraume Zeit sicher war mehr innere Ruhe.

Immer noch offen war mein Widerspruch gegen die Ablehnung meines Schwerbehindertenantrages bzw. die viel zu geringe Einstufung mit GdB 30. Diesmal ließ sich der Fachdienst Soziales bei der Stadtverwaltung fast sechs Monate für eine Antwort Zeit.

Nun gut, meine Krebserkrankung war diesmal zwar korrekt bezeichnet und hieß nicht mehr nichtssagend „Bauchtumor", ansonsten hatte sich aber sowohl an meiner Einstufung als auch an der Ablehnung meines Antrages nichts geändert. Was war ich nun froh, dass ich die ganze Angelegenheit nun einfach einen Anwalt übergeben konnte. Allein wäre es mir weder gelungen, die nur 4-wöchige Widerspruchsfrist einzuhalten, noch hätte ich gewusst, wo und wie überhaupt Klage gegen den Bescheid der Stadtverwaltung einzureichen wäre. So aber suchte ich nur wieder alle meine sowieso schon zusammengestellten Unterlagen zusammen und übergab diese gesammelt meinem Anwalt. Umgehend erhob dieser beim Sozialgericht Klage und es galt auch diesmal wieder zu warten.

Die Zeit ging ins Land und sechs Monate hörte ich von meiner Klage gegen die Stadtverwaltung erst einmal gar nichts. Erst nach etwa einem halben Jahr bekam ich über meinen Anwalt die Nachricht, dass das Sozialgericht eine Begutachtung nach Aktenlage durch den Chefarzt einer Klinik für Internistische Onkologie angeordnet.

Ich war sehr aufgeregt ob dieser Neuigkeit und wartete gespannt auf die Beurteilung durch den Experten. Die Einordnung meines Tumors als bösartig hatte ich selbst ja mehr oder weniger zufällig bei einer Internetrecherche entdeckt ohne, dass mich ein Facharzt in meiner

Tumorsprechstunde darauf hingewiesen hätte. Ich war mir deshalb nicht ganz sicher, ob meine Meinung auch durch einen ausgewiesenen Spezialisten geteilt werden würde.

Damals kamen mir 6 Monate als Zeitspanne zwischen dem Klagezeitpunkt und dem Punkt, an dem sich endlich etwas tat, unheimlich lange vor. Heute ist mir klar, dass mein Verfahren am Sozialgericht vergleichsweise schnell behandelt wurde und eine solche sich üblicherweise noch viel länger hinziehen kann.

Nach weiteren 6 Monaten, also über ein Jahr nach Klageeinreichung gegen das Sozialamt meiner Heimatstadt durch den Anwalt des VdK beim Sozialgericht, war es endlich soweit. Der Bericht des Chefarztes der onkologischen Klinik lag vor.

Das Gutachten gab mir auf der ganzen Linie recht und bestätigte die Einordnung meines Tumors als bösartig.

Der Kliniker nahm, beruhend auf der neueren Klassifizierung der Nierentumore, wie auch ich sie angenommen hatte, eine Einstufung meiner Krebserkrankung als bösartigen Nierentumor vor (pT2aN0M0).

Das ist nun an sich keine erfreuliche Nachricht und kein Anlass zum Jubel. Was mir eine große innere Genugtuung gab war auch nicht der Fakt, dass ich tatsächlich an Krebs erkrankt gewesen war, sondern die Tatsache, dass es endlich anerkannt wurde und ich nicht mit irgendwelchen beschönigenden und beschwichtigenden Bezeichnungen ala Bauchtumor abgespeist wurde. Das der Chefarzt der Klinik für Internistische Onkologie mir einen Gesamt GdB von 70 gegenüber dem durch den Fachdienst für Soziales ermittelten 30 zuerkannte, war schon eine enorme Diskrepanz, die man nach meiner Meinung nur mit fachlicher Unfähigkeit oder Nichtwollen erklären kann.

Fast unmittelbar nach Vorliegen des durch das Gericht in Auftrag gegebenen Gutachtens erklärte sich der Fachdienst für Soziales übrigens bereit, den ermittelten GdB von 70 anzuerkennen. Das ging dann auf einmal schnell und innerhalb von 14 Tagen lag die Anerkennung meiner Schwerbehinderung vor. Es hatte sich wieder einmal erwiesen. Aufgeben kommt nicht in Frage und am besten geht man mit kompetenter Unterstützung vor.

Interessanterweise erhielt ich das formale Urteil des Sozialgerichtes erst ein halbes Jahr nach Vorliegen des Gutachtens und der Anerkennung meiner Schwerbehinderung.

Die formale Anerkennung meiner Schwerbehinderung war natürlich nicht die Lösung aller meiner Probleme. Die gesundheitlichen Beeinträchtigungen, auf denen diese beruhte, waren ja nicht weg, sie waren nur endlich anerkannt wurden. Nach wie vor hatte ich mit meinem großen Narbenbruch zu kämpfen und auch jetzt noch, vier Jahre nach der Operation, überkamen mich ab und an heftige Müdigkeitsschübe. Trotzdem bedeutete mir die Anerkennung meiner Schwerbehinderung außerordentlich viel. Endlich konnte ich wieder etwas zur Ruhe kommen, weil mein Arbeitsplatz nun trotz meiner auch in Zukunft noch leider nötigen Fehlzeiten relativ sicher war.

Dieser Sicherheit ermöglichte es mir auch, meine wöchentliche Arbeitszeit deutlich zu reduzieren, um wieder mehr Zeit für mich und meine Familie zu haben.
Vorher hätte ich mich das nicht ohne Weiteres getraut, weil die Angst um meinen Arbeitsplatz einfach zu präsent war. Da auch mein Mann inzwischen eine besser bezahlte und sicherere Arbeitsstelle gefunden hatte war das für uns alle als Familie eine sehr schöne Lösung.

Wie es weiterging

Die nächsten Jahre nach Anerkennung meiner Schwerbehinderung vergingen rückblickend wie im Fluge. Ich hatte und habe großes Glück, dass ich bis heute, fast 10 Jahre nach der Diagnose, von einem Rezidiv und von Metastasen verschont geblieben bin.

Meine Gesundheit hat sich nach in der Folgezeit leider noch drei erforderlichen stationären Operationen mit wochenlangen Genesungszeiten, von denen eine die Behebung meines großen Narbenbruches war, wieder stabilisiert. Heute geht es mir vergleichsweise gut, auch wenn ich immer noch nicht schwer heben darf. Nur manchmal erinnert mich meine lange Narbe, die nun dünn wie ein Strich ist, an das Geschehene.

Lotto habe ich übrigens, obwohl mir das von den Ärzten auf Grund der Seltenheit meines Tumors mehrfach humorvoll nahegelegt wurde, nie gespielt.

Mein kleines Grundschulkind von damals ist ein großer, fast schon erwachsener Teenager geworden und mir wurde das größte Glück zuteil, dass man im Leben haben kann, mitzuerleben, wie das eigene Kind erwachsen wird. Was ist dagegen schon ein Lottogewinn.

Fragen, die mir häufig gestellt wurden

Hast Du denn gar nicht gespürt, wie der Tumor in dir wuchs?

Nein, ich hätte bis zur zufälligen Entdeckung meines Tumors, niemals damit gerechnet, dass dieser sich in mir befindet. Wie ich in meinem Bericht geschrieben habe, begann das Jahr für mich mit zwei schweren Lungenentzündungen. Ich nehme an, dass mein Körper vielleicht schon geschwächt war, jedoch ist das natürlich nur eine Vermutung. Darüber hinaus machten sich ab und an starke Rückenschmerzen bemerkbar aber auch diese sind, da ich eine leichte Skoliose habe nicht unerwartet.

Mein vorläufiger Entlassungsbericht listet die Entfernung eines 9,0 cm großen epitheloiden Tumors von der linken Niere auf. Mir ist es bis heute unklar, wie und wo diese große Struktur in meinem Körper seien konnte, ohne dass ich etwas bemerkte.

Später habe ich jedoch gelesen, dass über die Hälfte der Nierentumore Zufallsbefunde während der Anwendung bildgebender Verfahren (üblicherweise Computer-tomographie, Ultraschall oder Magnetresonanz-tomographie) sind. Statistisch gesehen, ist ein zufällig entdeckter Nierentumor dabei in 80% der Fälle bösartig.

Quelle: https://medicalforum.ch/article/doi/smf.2017.03085

Warum habe gerade ich diesen Krebs bekommen?

Diese Frage habe ich mir nie ernsthaft gestellt. Ich habe akzeptiert, dass es mich ganz zufällig getroffen hat.
Mein Krebs ist extrem selten und es gibt keinerlei statistisch aussagekräftige Informationen zu möglichen äußeren Ursachen. Ich rauche nicht und habe auch nie geraucht, zudem bin ich nicht übergewichtig, trinke nur sehr wenig Alkohol und bewege mich sogar ab und an.
Es gibt nach meiner Auffassung und hier bin ich auf Seiten der Wissenschaft auch keine „Krebspersönlichkeit". Es ist nicht meine „Schuld" oder durch meine Gefühle oder meine Persönlichkeit bedingt, dass ich erkrankt bin.

Quelle: https://www.bayerische-krebsgesellschaft.de/informationen/fakten-ueber-krebs/16-fragen-zum-thema-krebs/warum-gibt-es-keine-krebspersoenlichkeiten/?L=0

Du musst jetzt positiv denken!

Grundsätzlich ist gegen positives Denken nichts einzuwenden. Trotzdem kann es zum Problem werden, wenn Krebserkrankte von ihrem Umfeld, von sich sorgenden Angehörigen und Freunden andauernd aufgefordert werden, positiv zu denken.
Tatsächlich fühlte ich mich mit dem Wunsch meines Umfeldes, nun doch bitte positiv zu denken und in die Zukunft zu sehen, am Anfang häufig überfordert. Ich hatte Phasen, während denen mir einfach nur nach Trauer zumute war und der Schmerz über den Verlust meiner körperlichen Unversehrtheit unerträglich war. In diesen Situationen fühlte ich mich mit der Aussage „Du musst jetzt positiv denken" einfach nur missverstanden, alleingelassen und unter Druck gesetzt, mich wieder in den Alltag einzugliedern, obwohl ich das einfach noch nicht konnte.

Wie lautet die Diagnose, die dir gestellt wurde?

Ich zitiere dazu aus dem fachinternistischen Gutachten, welches im Rahmen meiner Klage am Sozialgericht erstellt wurde.
„Im Gegensatz zum klassischen benignen Angiomylipom handelt es sich bei der Sonderform des epitheloiden Angiomylipoms

um eine potentiell mesenchymale Neoplasie. Es muss bei einem Drittel der Patienten mit einer Metastasierung gerechnet werden, wobei offenbar die Tumorgöße (cut off 7 cm) eine wesentliche Rolle spielt.

…   „Aufgrund   dieser   sehr   neuen Dignitätsbewertung   des   epitheloiden Angiomylipoms ist es gerechtfertigt, diese Entität den übrigen Nierentumoren bei der Bewertung (…) gleichzusetzten, also einem Tumorstadium pT2aN0M0…".

Hinweis: Zum Verständnis der Tumorstadien siehe auch: https://www.krebsgesellschaft.de/onko-internetportal/basis-informationen-krebs/basis-informationen-krebs-allgemeine-informationen/klassifikation-von-tumoren-tnm-.html

Du hattest doch gar keinen Krebs, wenn man keine Chemotherapie und keine Bestrahlung bekommt, ist doch alles gar nicht so schlimm.

Tatsächlich habe ich dieses Argument mehr als einmal gehört. Auf Grund der Häufigkeit der Krebsarten, die mit Chemotherapie oder Strahlentherapie behandelt werden, wie z.B. Brustkrebs, ist einigen Menschen vermutlich nicht gegenwärtig, dass es je nach Befund verschiedene Behandlungsmöglichkeiten gibt. Einen zusammenfassenden Überblick über Krebsarten   und   ihre Behandlungsmöglichkeiten bietet die Website des Deutschen Krebsforschungszentrums (dkfz).

Quelle: https://www.krebsinformationsdienst.de

Glossar

Adenom

Ein Adenom ist eine gutartige Wucherung, die sich aus der obersten Zellschicht von Drüsengewebe (z.B. der Schilddrüse) oder der Schleimhaut des Magen-Darm-Traktes entwickelt. Aus einem Adenom kann sich Krebs entwickeln.

Quelle:https:www.gesundheitsinformation.de/glossar/adenom.html

GdB = Grad der Behinderung

Der Grad der Behinderung (GdB) beziffert die Schwere einer Behinderung.
Er ist also das Maß für die körperlichen, geistigen, seelischen und sozialen Auswirkungen einer Funktionsbeeinträchtigung aufgrund eines Gesundheitsschadens.

Der GdB kann zwischen 20 und 100 variieren. Er wird in Zehnerschritten gestaffelt. Irrtümlich beziehungsweise umgangssprachlich wird der Grad der Behinderung häufig in Prozent angegeben, also zum Beispiel "Ich habe einen GdB von 50

Prozent". Dies ist aber falsch, es wird schlicht gesagt "Ich habe einen GdB von 50".

Quelle:
https://www.vdk.de/deutschland/pages/themen/artikel/921
6/grad_der_behinderung_gdb

PDA = Periduralanästhesiese

Mit einer Periduralanästhesie (PDA), auch Epiduralanästhesie genannt, wird der Körperbereich unterhalb des Schlüsselbeins betäubt. Dabei unterbricht der Anästhesist mit dem Einspritzen eines örtlichen Betäubungsmittels (Lokalanästhetikum) an einer bestimmten Stelle der Wirbelsäule die Schmerzübertragung der Rückenmarksnerven. Die Schmerzmittelgabe über den Periduralkatheter wird auch für einige Operationen an Brustkorb und Bauchorganen (z.B. Lunge, Leber, Darm) genutzt. Hier kann eine Kombination von Peridual- und Allgemeinanästhesie sinnvoll sein.

Quelle: https://www.anaesthesisten-im-
netz.de/anaesthesie/was-ist-eine-
regionalanaesthesie/periduralanaesthesie-pda/

Raumforderung

Als Raumforderung bezeichnet man in der Medizin jede unphysiologische Volumenzunahme einer Struktur im Körperinneren, deren Ursache unbekannt ist. Im engeren Sinn liegt dem Begriff

"Raumforderung" zugrunde, dass die Volumenzunahme zulasten des Nachbargewebes erfolgt.
Raumforderungen werden meist mit Hilfe bildgebender Verfahren oder der Palpation (manuelle Untersuchung eines Patienten) aufgespürt und bedürfen der weiteren diagnostischen Abklärung. Sie können zum Beispiel durch gutartige oder bösartige Tumoren oder Zysten ausgelöst werden.

Quelle: https://flexikon.doccheck.com/de/Raumforderung

Retroperitoneal

Der Retroperitonealraum oder einfach das Retro-peritoneum (Spatium retroperitoneale) beinhaltet jene anatomischen Strukturen, die hinter dem Bauchfell (Peritoneum) liegen und nicht vom Bauchfell umschlossen werden. „Retroperitoneal" bedeutet „hinter dem Peritoneum"Man unterscheidet entwicklungs-geschichtlich primär retroperitoneal und sekundär retroperitoneale Organe. Primär retroperitoneal liegen jene Organe, die hinter der Bauchhöhle entstehen. Dazu gehören Nieren, Nebennieren und Harnleiter. Zu den sekundär retroperitoneal gelegenen Organen zählen beim Menschen:
- Bauchspeicheldrüse (Pankreas)

- Duodenum (Zwölffingerdarm) mit Ausnahme des oberen Teils (Pars superior)
- Colon ascendens und Colon descendens (auf- und absteigender Teil des Dickdarms)
- Mastdarm bis zur Flexura sacralis

Quelle: https://de.wikipedia.org/wiki/Retroperitonealraum

Sarkom

Sarkome sind seltene Tumoren, die entweder in den Knochen oder in den Weichgeweben auftreten. Dazu gehören das Muskel-, Fett-, Knorpel- und Bindegewebe, aber auch Gefäße. Sarkome umfassen bis zu 100 verschiedene, bösartige (= maligne) Tumoren. Diese unterscheiden sich teilweise deutlich in ihrem biologischen Verhalten, ihrer Prognose und ihrem Ansprechen auf unterschiedliche Therapien. Das Liposarkom ist ein bösartiger Tumor des Fettgewebes. Circa 15% bis 20% der Weichteilsarkome sind Liposarkome.

Quellen: https://www.sarkome.de/weichgewebesarkome-im-ueberblick und https://www.dr-gumpert.de/html/liposarkom.html

Schwerbehinderung nach Krebserkrankung

Bei einer Krebserkrankung wird immer – für die Zeit der Heilungsbewährung – ein Schwerbehindertenstatus – d.h. ein Grad der

Behinderung von mindestens 50 – zuerkannt. Grundlage für die Einstufung ist die Tumorformel. Während dieser Heilungsbewährungszeit kann man den Schwerbehindertenstatus bekommen. D.h.: dieser ist in aller Regel befristet! Die Länge der Heilungsbewährungszeit richtet sich nach der Tumorformel. Die Höhe des GdB richtet sich nach der Tumorformel. Um das Ende der Heilungsbewährungszeit/Befristung festzusetzen, wird zurückgerechnet, und zwar:

- wenn operiert wurde: zum Zeitpunkt der OP
- wenn nicht operiert wurde: zum Zeitpunkt der ersten gesicherten Diagnose (z.B. durch Biopsie).

Quelle:
https://www.mediclin.de/fileadmin/02_Dokumente_Share_verzeichnis/02_Klinikdokumente/Staufenburg/BR_STA_SozFrag.pdf

Tumor

Im engeren Sinn versteht man unter einem Tumor eine benigne (gutartige) oder maligne (bösartige) Neubildung (Neoplasie) von Körpergewebe, die durch eine Fehlregulation des Zellwachstums entsteht. Bösartige Tumoren werden umgangssprachlich auch als Krebs bezeichnet.

Quelle: https://flexikon.doccheck.com/de/Tumor

VdK =
Sozialverband VdK Deutschland e.V

Der Sozialverband VdK ist ein bundesweit tätiger gemeinnütziger Verband. Er ist parteipolitisch und konfessionell neutral sowie finanziell unabhängig. Schwerpunkte des VdK sind sozialpolitische Interessenvertretung und Sozialrechtsberatung.

Quelle:
https://www.vdk.de/deutschland/pages/der_vdk/4543/start seite

Viszeralchirurgie

Die Viszeralchirurgie (von lat. Viscera = „Eingeweide") ist die „Chirurgie des Bauchraumes und der Bauchwand, der endokrinen Drüsen und der Weichteile einschließlich Transplantation".

Quelle: Christoph Weißer: Viszeralchirurgie. In: Werner E. Gerabek, Bernhard D. Haage, Gundolf Keil, Wolfgang Wegner (Hrsg.): Enzyklopädie Medizingeschichte. De Gruyter, Berlin/ New York 2005, ISBN 3-11-015714-4, S. 1448 f.; hier: S. 1448.